新能源汽车电气设备检修

主　编　吴正乾　罗和平　王　赟
副主编　王道旺　徐焱信　李树伟
参　编　邓思聪　付智珍　丘远兵　刘锦利

北京理工大学出版社
BEIJING INSTITUTE OF TECHNOLOGY PRESS

内容提要

本书包括新能源汽车电气设备检修基础、新能源汽车低压电源系统故障检修、新能源汽车照明与信号系统故障检修、新能源汽车辅助电气系统故障检修、新能源汽车仪表与报警系统故障检修、新能源汽车数据通信系统故障检修 6 个学习情境 14 个工作任务。本书注重理实一体化，从实践中归纳的典型工作任务入手，秉持实用性、先进性的原则，较为全面地论述了新能源汽车电路识读和分析、常用仪器的使用、电源系统、数据通信系统、车身电气设备系统的认知和故障检修，旨在培养学生的维修技能，提升学生的职业素养。

本书既可作为职业院校新能源汽车技术专业的教学用书，也可作为新能源汽车维修专业培训用书和相关技术人员的参考书。

版权专有 侵权必究

图书在版编目（CIP）数据

新能源汽车电气设备检修 / 吴正乾，罗和平，王赟主编 . -- 北京：北京理工大学出版社，2021.10

ISBN 978-7-5763-0508-1

Ⅰ . ①新… Ⅱ . ①吴… ②罗… ③王… Ⅲ . ①新能源 - 汽车 - 电气系统 - 检修 Ⅳ . ①U472.41

中国版本图书馆 CIP 数据核字（2021）第 206723 号

出版发行 / 北京理工大学出版社有限责任公司

社　　址 / 北京市海淀区中关村南大街 5 号

邮　　编 / 100081

电　　话 /（010）68914775（总编室）

　　　　　（010）82562903（教材售后服务热线）

　　　　　（010）68944723（其他图书服务热线）

网　　址 / http://www.bitpress.com.cn

经　　销 / 全国各地新华书店

印　　刷 / 定州市新华印刷有限公司

开　　本 / 889 毫米 × 1194 毫米　1/16

印　　张 / 13.5

字　　数 / 271 千字

版　　次 / 2021 年 10 月第 1 版　2021 年 10 月第 1 次印刷

定　　价 / 44.00 元

责任编辑 / 陆世立

文案编辑 / 陆世立

责任校对 / 周瑞红

责任印制 / 边心超

图书出现印装质量问题，请拨打售后服务热线，本社负责调换

前言

随着新能源汽车技术快速发展和国家政策扶持力度增大，新能源汽车行业产业发展迅猛，产销量大幅增长，新能源汽车的生产制造与售后服务人员需求必将逐步增加，职业教育必将承担起新能源汽车前后市场技术技能人才的培养重任。

近年来，各职业院校根据市场的需求，相继开设或准备开设新能源汽车技术相关专业。新能源汽车涉及很多全新的技术领域，目前市场上关于混合动力汽车、纯电动汽车维修方面的书籍较少，尤其是针对职业院校开展常规教学任务的书籍就更少了，较多的都是关于理论研究的书籍。为了让更多人，特别是使用和维修新能源汽车的售后服务人员对新能源汽车有更深入的了解，由广东省新能源汽车产业协会、广州市新能源校企合作协会统筹，协会内几十家新能源汽车相关企业专家和职业院校专业核心骨干教师，以及一线汽车品牌主机厂新能源汽车工程师等人员共同参与，以新能源汽车厂家作业规范为标准，编写了这套职业教育新能源汽车专业教材。

编写特点

本丛书根据国家最新的专业目录进行编写，主要面向职业院校新能源汽车专业核心专业课程，可以满足中等职业学校"新能源汽车运用与维修"、高等职业学校"新能源汽车技术""新能源汽车检测与维修技术"等专业的教学基本需要。全套书按照新能源汽车结构及专业教学实施规律编写，包含了新能源汽车专业技术主干课程学习领域共12本：《新能源汽车概论》《新能源汽车电力电子技术》《新能源汽车高压安全与防护》《新能源汽车售后服务管理》《新能源汽车电池及管理系统检修》《新能源汽车电机及控制系统检修》《新能源汽车底盘检修》《新能源汽车电气技术》等。

本套教材的内容编写具有以下特点。

1. 浓厚的行业和职业特色

这是一套由新能源相关"行业、企业和院校"三位一体编写的全系列新能源汽车专业教材。由广东省新能源汽车协会会长担任编委会主任，在选题、调研和定稿中，过程严谨，三方取长补短，汇集2个省市协会、8家著名企业、22所汽车专业骨干校（包括本科、高职、技师学院和中职院校）三个方面的力量和优质资源进行编写。例如，广东省新能源汽车产业协会、广州市新能源校企合作协会、东风日产、欧纬德智能科技（广州）有限公司、广州轩宇教育科技发展有限公司、华南农业大学、广东轻工职业技术学院、湖南汽车工程职业技术学院、佛山职业技术学院、广东番禺职业技术学院、广州工贸技师学院等。很多案例和技术来自一线的生产，技术成熟，具有独特的教学特色。

2. "基于工作过程"的一体化开发理念

本套教材在对新能源汽车技术技能人才岗位调研的基础上，分析岗位典型工作任务，提炼代表性行动领域，构建了工作过程系统化的课程体系。由企业真实的案例引入教学任务，学习任务更加贴近新能源汽车维修企业实际工作及职业教育的特点。

3. "立体化"的教材资源整合

本套教材不仅具有传统教材的优点，还加入了互联网教学应用资源，嵌入相应任务实施，辅以大量的视频资源二维码以及任务实施的指导视频二维码，让整套教材更加立体化，更加方便院校师生、企业售后人员学习。

4. 企业院校的适用性强

本套教材以国内最大的自主品牌吉利和比亚迪汽车为主体，横向对比国内主流新能源汽车相关厂家，如北汽、特斯拉等相关车型的共性和差异，解决了品牌地域性问题。

5. 更加丰富的资源配套

本套教材配套有课件、教学微课、项目测试题、教学资源库等资源，围绕"教、学、考、培、互联网+"的五位一体教学模式开发配套。可以说解决了教师们开展现代化教学的大部分问题，教学理念先进，适合现代职业教育和培训的多方面需要。

使用建议及编写情况

本教材适用于中（高）等职业院校汽车专业师生使用。

本教材由吴正乾、罗和平、王赟担任主编，王道旺、徐焱信、李树伟担任副主编，邓思聪、付智珍、丘远兵、刘锦利参与编写。

在本教材的编写过程中，欧纬德智能科技（广州）有限公司提供了大量的设备支持和技术支持，广州轩宇教育科技发展有限公司提供微课拍摄、后期制作等技术支持，在此表示衷心的感谢。编写过程中参考了大量国内外相关著作和文献资料，在此一并向相关作者表示感谢。由于编者水平有限，书中难免有疏漏之处，敬请读者批评指正。

编　者

目录

学习情境一　新能源汽车电气设备检修基础 ············ 1

　任务1　识读新能源汽车电路 ············ 2

　任务2　认识新能源汽车电气检测仪器及故障诊断 ············ 13

学习情境二　新能源汽车低压电源系统故障检修 ············ 26

　任务1　检修新能源汽车12V蓄电池亏电故障 ············ 27

　任务2　检修新能源汽车无钥匙进入和启动系统故障 ············ 31

学习情境三　新能源汽车照明与信号系统故障检修 ············ 44

　任务1　检修新能源汽车前照灯不工作故障 ············ 45

　任务2　检修新能源汽车转向灯不工作故障 ············ 53

学习情境四　新能源汽车辅助电气系统故障检修 ············ 64

　任务1　检修新能源汽车刮水器不工作故障 ············ 65

　任务2　检修新能源汽车电动车窗不工作故障 ············ 73

  任务3 检修新能源汽车电动座椅不工作故障……………………………… 82

  任务4 检修新能源汽车电动天窗不工作故障……………………………… 89

学习情境五 新能源汽车仪表与报警系统故障检修……………………………… 96

  任务1 认识新能源汽车仪表与报警系统……………………………………… 97

  任务2 检修车门未关仪表报警不工作故障……………………………………104

学习情境六 新能源汽车数据通信系统故障检修………………………………108

  任务1 检修新能源汽车LIN系统故障……………………………………………109

  任务2 检修新能源汽车CAN系统故障……………………………………………114

参考文献………………………………………………………………………………122

学习情境一
新能源汽车电气设备检修基础

情境描述

电气系统是新能源汽车重要的组成部分。汽车电气系统是体现现代汽车发展水平的重要标志之一。新能源汽车电器的结构是否优良、性能是否完善，会直接影响汽车的动力性、经济性、可靠性、安全性、舒适性和排放性能。随着科技的发展，集成电路、微型计算机和车载网络控制技术在汽车上的广泛应用，电器在增加、功率在增加、产品质量和性能在提高，使得结构更完善，控制方式也在发生变化和进行更新，因此对从事新能源汽车行业的技术和售后服务人员提出了更高要求。正确识读新能源汽车电路图和规范使用新能源汽车检测仪器是新能源汽车检修技术人员必备的基本技能。

情境目标

1. 能描述新能源汽车电路的组成和电路特点。
2. 能看懂新能源汽车各系统的电路图。
3. 能正确使用新能源汽车常用的检测仪器。
4. 能查找维修手册资料，小组合作并发扬工匠精神，在实车上找出各电气系统的保险丝、继电器、配电盒、控制单元、用电器及各种线束的位置，规范完成新能源汽车高压部件的绝缘性能检测工作任务。

任务1 识读新能源汽车电路

任务目标

1. 能描述新能源汽车电路的基本组成和主要元件。
2. 能看懂新能源汽车电路图。
3. 能查找维修手册资料，小组合作并发扬工匠精神，在实车上找出各电气系统的保险丝、继电器、配电盒、控制单元、用电器及各种线束的位置。

任务导入

某吉利4S店售后维修小组接到一张任务工单：一辆2017款吉利帝豪EV300纯电动车，行驶里程32 000km，因交通追尾事故，出现了前照灯不亮故障。如果要检修该电路故障，就要先读懂吉利帝豪EV300灯光系统电路图并分析其故障原因，然后在车辆上找到相关器件和线束进行测量、诊断及修复。通过本任务的学习，能够掌握查看新能源汽车电路图的方法，并能在实车上找出主要车身电气系统的保险丝、继电器、配电盒、控制单元及各种线束的位置等，为新能源汽车检修奠定了基础。

知识链接

一、新能源汽车电路组成

新能源汽车电路是根据用电设备的工作特性和彼此间的内在联系，用导线、中央控制盒、保护装置、插接器、控制单元、开关等和用电器连接起来的电流通路，构成一个完整的供电、用电系统。汽车电路主要由电源、电路保护装置、控制单元、用电设备及导线等组成。汽车电路的基础元件主要有熔断器、插接器、各种开关、继电器、导线及控制单元等。

1. 电源

电源向汽车电器设备提供直流电能，保证汽车各用电设备在不同情况下都能投入正常工作。新能源汽车直流电源主要包括低压辅助蓄电池和高压动力电池组，如图1-1-1所示。

图1-1-1 新能源汽车直流电源
（a）12V蓄电池；（b）动力电池组

2. 用电设备

用电设备包括电机、电磁阀、灯泡、仪表、各种电子控制元件和传感器等。

3. 电路控制装置

除了传统的手动开关、压力开关、温控开关、继电器等以外，还包括电子控制器件、电子模块等。继电器主要分为三种类型：常开型、常闭型和混合型继电器，如图1-1-2所示。在新能源汽车高压电路中，继电器又称为接触器，它具有低压控制高压的特点，即接触器的磁场线圈的工作电压为12V，接触器的常开触点串联在动力电池的高压电路中，通过控制12V磁场线圈的电路，从而达到接通或断开高压电路的目的。

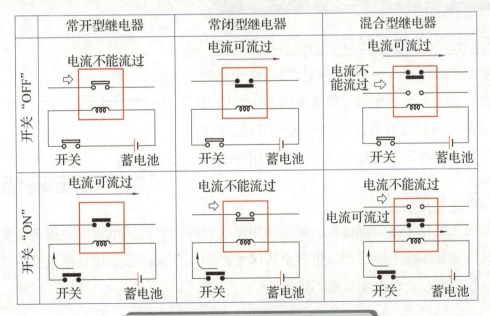

图1-1-2 标准继电器

4. 电路保护装置

新能源汽车电路保护装置主要有继电器、熔断器等。继电器的工作特点是小电流控制大电流，保护控制开关。熔断器在电路中主要起短路保护作用。当电路短路或较长时间内过载时，熔断器熔断而切断电路，防止烧坏导线和用电设备。在新能源汽车电路中串联各种熔断器，可防止短路而烧坏线束和用电设备等。熔断器一般分为插入式熔断器、螺旋式熔断器、封闭式熔断器、快速熔断器、自复式熔断器等。新能源汽车常用的熔断器种类如图1-1-3所示。

5. 电路连接器件

新能源汽车电路连接器件主要为导线和线束连接器。导线将新能源汽车上的各种电器装置连接起来构成电路。此外，汽车上通常用金属车体代替部分用电器返回电源负极的导线。新能源汽车使用的导线有橙色的高压电线（见图1-1-4）、低压电线（多芯软铜线）和屏蔽线。为了便于汽车电路检查、维修、安装、配线等工作，低压电线通常以不同的颜色来区分，横截面积在4mm²以下的导线采用双色线。

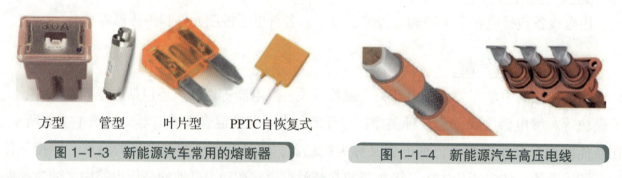

图1-1-3　新能源汽车常用的熔断器（方型　管型　叶片型　PPTC自恢复式）

图1-1-4　新能源汽车高压电线

二、新能源汽车电路的特点

1. 高低压直流电源独立供电

直流电源是大小和方向不随时间作周期性变化的电源，其波形如图1-1-5所示。新能源汽车电源由直流低压辅助蓄电池和直流高压动力电池组组成。12V低压电源与几百伏高压电路互为独立，不共用导线。

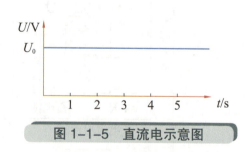

图1-1-5　直流电示意图

2. 低压系统负极搭铁

新能源汽车低压系统负极搭铁，就是采用单线制时，将低压电源的负极连接到电机、变速器和底盘等金属车体上。目前，世界上各国生产的汽车大多数采用负极搭铁方式。高压电源与低压电源隔离，高压电源负极不搭铁。

3. 低压系统单线并联制

单线制是指从电源到用电设备只用一根导线连接，并用汽车底盘、电机等金属车体作为另一条公共导线。在特殊情况下,为了保证电气系统(特别是电子控制系统)的工作可靠,也需要采用双线制。单线制的优点是导线少,线路清晰,接线方便。

所谓用电设备并联,是指汽车上的各种用电设备都采用并联方式与电源连接,用电设备都由各自串联在其支路上的开关(或控制单元)控制,互不干扰,当某一支路发生故障时并不影响其他支路上的用电设备。

4. 车载网络通信

随着汽车技术不断发展、性能不断提高,汽车电器和电子控制装置在汽车上的应用越来越多,为了简化线路,提高信息传输的速度和可靠性,降低故障率,车载网络技术也应运而生,如图1-1-6所示。新能源汽车车载网络有控制局域网(CAN总线、双绞线传输)、局部连接网络(LIN)、局域网(LAN)和车载以太网等。当前主流汽车电气系统以网络为纲目,发展成电力网络和数据网络两部分结构。

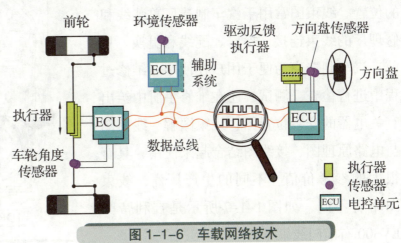

图1-1-6 车载网络技术

三、汽车电路图

汽车电路图是一种将汽车电器和电子设备用图形符号与代表导线的线条连接在一起的关系图,是对汽车电器的组成、工作原理、工作过程及安装要求所作的图解说明。电路图中表示的是不同电路相互之间的关系及彼此之间的连接,通过对电路图的识读,可以认识并确定电路图上所画电气元件的名称、型号和规格,清楚地掌握汽车电气系统的组成、相互关系、工作原理和安装位置,便于对汽车电路进行检查、维修、安装、配线等工作。现代汽车电路图的种类繁多,电路图也因车型不同存在一定差别,常见的电路图有接线图、线束图、原理框图和电路原理图等。

1. 接线图

接线图是指专门用来标记电器安装位置、外形、线路走向等的指示图。它按照全车电器安装的实际位置绘制,部件与部件之间的连线按实际关系绘出。为了尽可能接近实际情况,图中的电器不是用图形符号,而是用该电器的外形轮廓或特征表示,在图上还尽量将线束中同路的导线画在一起。这样,汽车接线图就较明确地反映了汽车实际的线路情况,查线时,导线中间的分支、接点很容易被找到,为安装和检测汽车电路提供了方便。但因其线条密集、纵横交错，给读图、查找、分析故障带来了不便。接线图可以是整车电路的接线图，也可以是各系统的接线图。

2. 线束图

线束图表明了电路线束与各用电器的连接部位、接线柱的标记、线头、插接器的形状及位置等，是人们在汽车上能够实际接触到的汽车电路图。从线束图中可以了解到线束的走向，并可以通过露在线束外面的线头与插接器详细编号或字母标记得知线束各插接器的位置。线束图常用于汽车制造厂总装线和修理厂的线束连接、检修、配线和更换。目前，汽车制造商为便于用户在使用、维修过程中进行检查、测试，还在维修手册中给出有关电器的安装位置图、线束图解。线束图与电路原理图、接线图结合起来使用，具有很大的参考价值。不同的生产厂商，线束图略有不同，如图1-1-7所示是吉利帝豪EV300右前门线束布置。

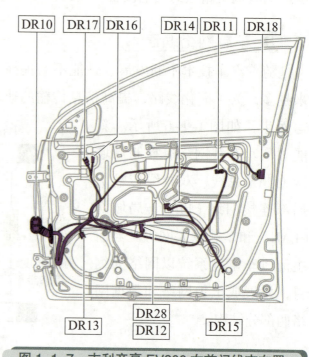

图1-1-7 吉利帝豪EV300右前门线束布置

3. 原理框图

原理框图是用框图的形式来表达其原理，它的作用是能够清晰地表达比较复杂的原理。由于汽车的电气系统较为复杂，为概略地表示各个汽车电气系统或分系统的基本组成、相互关系及其主要特征，常采用原理框图。原理框图所描述的对象是系统或分系统的主要特征，不必画出元器件与它们之间的具体连接情况，它对内容的描述是概略的，但对于汽车电路的分析和维修有很大的帮助。原理框图通常用方框符号或者带注释的框绘制，带注释的框应用比较广泛，其框内的注释可以是文字，可以是符号，也可以同时采用文字和符号。如图1-1-8所示为吉利帝豪EV300刮水器/洗涤系统原理。

4. 电路原理图

电路原理图是利用电气符号将每一个系统合理地连接起来，能简明清晰地反映汽车电路构成、连接关系和工作原理，而不考虑其实际安装位置

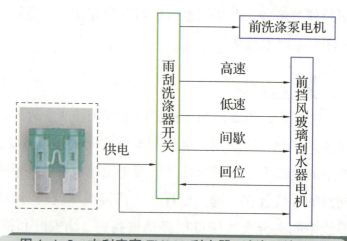

图1-1-8 吉利帝豪EV300刮水器/洗涤系统原理

的一种简图。其优点是画面清晰、简单明了、通俗易懂，便于分析、查找电路故障。电路原理图分为整车电路原理图和局部电路原理图。整车电路原理图是由若干个局部电路原理图组成的。整车电路原理图是一幅完整的全车电路图，能反映全车电路各系统之间的相互关系。局部电路原理图是从整车电路图中抽出的某个局部电路。局部电路原理图能反映汽车电器的内部结构和局部电路的工作原理，并将重点部位进行了放大及说明。局部电路原理图的用电器少、幅面小，阅读起来简单明了；其缺点是只能了解局部电路。如图1-1-9所示为吉利帝豪EV300前大灯部分电路原理。

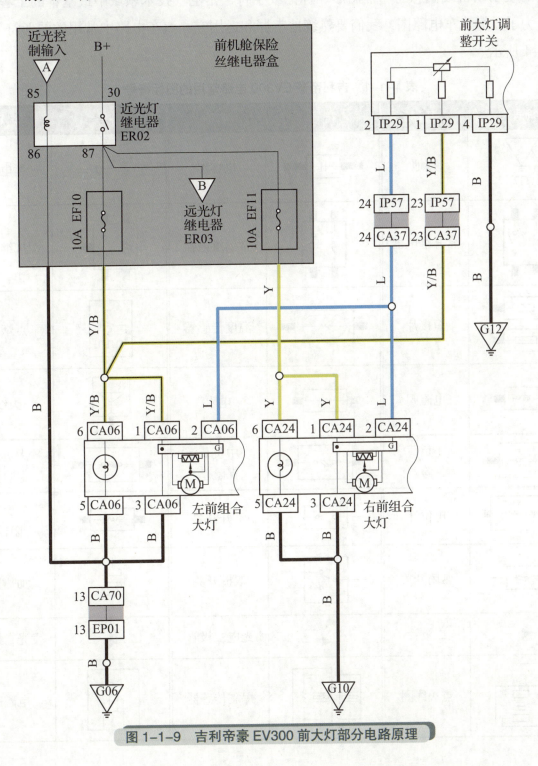

图1-1-9 吉利帝豪EV300前大灯部分电路原理

四、汽车电路图形符号

汽车电路图是利用图形符号和文字符号，表示汽车电路构成、连接关系和工作原理，而不考虑其实际安装位置的一种简图。为了使电路图具有通用性，便于进行技术交流，构成电路图的图形符号和文字符号不是随意的，它有统一的国家标准和国际标准。要看懂电路图，必须了解图形符号和文字符号的含义、标注原则和使用方法。图形符号是用于电气图或其他文件中的表示项目或概念的一种图形、标记或字符，是电气技术领域中最基本的工程语言。因此，为了看懂汽车电路图，我们要熟练地掌握和运用它。汽车电路中常用的图形符号，如表 1-1-1 所示。

表 1-1-1 吉利帝豪 EV300 电路常用的图标符号

符号	名称	符号	名称	符号	名称
	接地		电容器		蓄电池
	常开继电器		常闭继电器		双掷继电器
	短接片		温度传感器		点烟器
	电磁阀		电阻		天线
	小负荷保险丝		中负荷保险丝		大负荷保险丝
	电位计		常开开关		可变电阻器
	常闭开关		双掷开关		加热器
	二极管		光电二极管		发光二极管
	点火线圈		爆震传感器		电磁阀

续表

符号	名称	符号	名称	符号	名称
	喇叭		安全气囊		氧传感器
	灯泡		限位开关		电机
	双绞线		线路走向		时钟弹簧
	安全带预紧器		未连接交叉线路		相连接交叉线路

五、汽车电路图的一般规律

（1）电源部分到各熔断器或开关的导线是电气设备的公共正极电源线。在电路原理图中一般是画在电路图的上部。

（2）标准画法的电路图，开关的触点位于零位或静态。即开关处于断开状态，继电器线圈处于不通电状态，晶体管、晶闸管、绝缘栅双极型晶体管（IGBT）等具有开关特性的元件的导通和截止视具体情况而定。

（3）汽车电路为双电源、低压系统单线制，各用电设备相互并联，继电器和开关串联在电路中。

（4）大部分用电设备串联了熔断器，受到熔断器的保护。

（5）整车电路按功能及工作原理划分成若干独立的电路系统。汽车整车电路一般按各个电路系统来绘制，如电源系统、起动系统、照明和信号系统、辅助电气系统、数据通信系统等，这些电路系统都有自己的特点。

六、汽车电路识图技巧

扫车查找喇叭电路元件

1. 先看全图，把单独的系统框出来

一般来讲，各电气系统的电源和电源总开关是公共的，任何一个系统都应该是一个完整的电路，都应遵循回路的原则。读图时，应熟悉电器元件的结构、工作原理及端子配线规

则，如接线盒位置、熔断器、继电器、接地点、线型和色码等。

2. 分析各系统的工作过程，弄清各系统之间的联系

在分析某个电气系统之前，要清楚该电气系统所包含各部件的功能、作用和技术参数等，在分析过程中应特别注意开关、继电器触点的工作状态，大多数电气系统都是通过开关、继电器的不同工作状态来改变工作回路，实现不同功能。

3. 牢记回路原则

在电学中，回路是一个最基本、最重要，也是最简单的概念。任何一个完整的电路都由电源、用电器、开关、导线等组成。对于直流电路而言，电流总是要从电源的正极出发，通过导线、熔断器、开关（继电器或控制器）到达用电器，再经过导线（或搭铁）回到同一电源的负极。新能源汽车中的低压系统回路与高压系统回路互为独立。

4. 熟悉开关的作用

开关是控制电路通、断的关键，电路中主要的开关往往汇集多条导线，如点火开关，灯光组合开关等。读图时应注意以下五个问题。

（1）在开关的多条接线柱中，注意哪些接电源，哪些直接接用电器，哪些接控制器。接线柱旁边是否有接线符号，这些符号是否常见？

（2）开关共有几个挡位，在每个挡位中，哪些接线柱相互接通，哪些接线柱之间断开？

（3）蓄电池提供的电流是通过什么路径到达这个开关的，中间是否经过别的开关和熔断器，这个开关是手动还是电控的？

（4）各个开关分别控制哪个用电器，或者给哪个控制器接通哪种信号，被控用电器的作用和功能是什么？

（5）在被控用电器中，哪些电器处于常通，哪些电器属于短时接通；哪些电器应先接通，哪些电器应后接通；哪些电器应同时工作，哪些电器不允许同时接通？

七、吉利帝豪EV300车型电路图的识读

吉利汽车整车电路原理图根据功能不同分为各个单元电路，在电路图的上方标出该单元电路名称。每个单元电路都连同电源一起画出，使各个单元电路既能清晰地表达出独立的电路回路，又能反映出彼此间构成整车电路的关系。电路中一般直接标示出元件的名称，导线颜色则用相应字母表示，部分电器元件还画出了内部电路，使识图更为方便。

下面以"自动空调热交换控制系统"电路为例，进行吉利汽车整车电路原理图识图，电路图1-1-10中的数字是注释标号，其含义见表1-1-2。

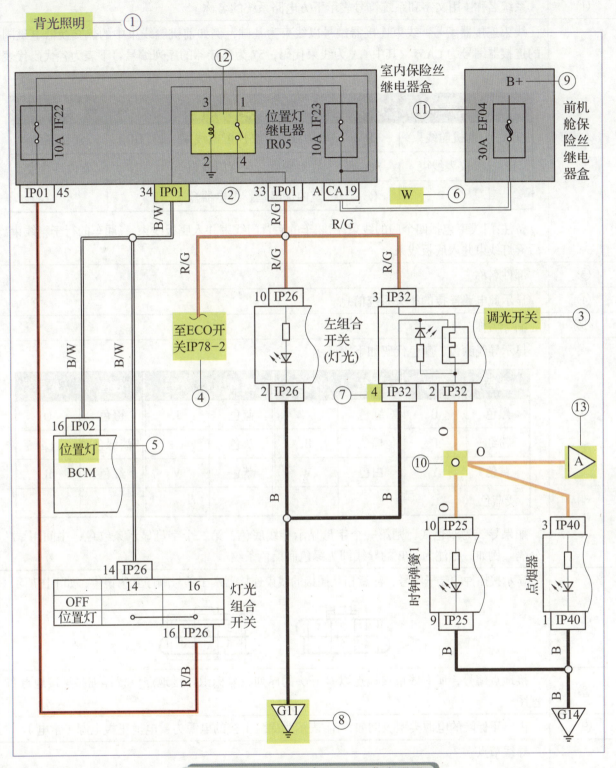

图 1-1-10 吉利帝豪 EV300 背光照明

表 1-1-2 吉利帝豪 EV300 电路图注释

注释标号	含义说明
①	系统名称：用文字和系统符号表示下方电路系统的名称
②	线束连接器编号：线束连接器编号以线束为基础，例如前机舱线束中的热交换器电磁阀的连接器编号为 CA57，其中 CA 为线束代码，57 为连接器的序列编号。下表为各代码代表的线束 	定义	线束名称	定义	线束名称	定义	线束名称
---	---	---	---	---	---
CA	前机舱线束	EP	动力线束、高压配电线束	DR	门线束
IP	仪表线束	SO	底板线束、后背门线束	RF	室内灯线束
		C	室内保险丝、继电器盒			 备注：门线束包括四个门的线束；两厢车的后背门线束并入底板线束；三厢车的行李箱线束、后雾灯线束并入底板线束
③	部件名称
④	显示此电路连接的相关系统信息
⑤	端子名称
⑥	显示导线颜色，颜色代码如下表所示 | 线色	代号	线色	代号	线色	代号	线色	代号
---	---	---	---	---	---	---	---
黑色	B	绿色	G	蓝色	L	橙色	O
粉红	P	棕色	Br	灰色	Gr	淡绿色	Lg
黄色	Y	白色	W	紫色	V	红色	R
浅蓝色	C							 如果导线为双色线，则第一个字母显示导线底色，第二个字母显示条纹色，中间用"/"分隔。例如，标注为 G/B 的导线即为绿色底黑色条纹
⑦	显示接插件的端子编号，注意相互插接的线束连接器端子编号顺序互为镜像，如下图所示
⑧	接地点编号，所有线束接地点以 G 开头的序列编号标识。接地点位置详细参见接地点布置图
⑨	供给于保险的电源类型。例如，B+ 表示为保险上接的电源为蓄电池正极电源（常电）
⑩	导线节点

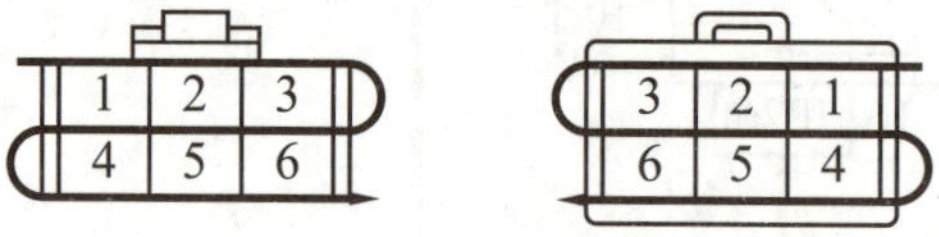

续表

注释标号	含义说明
⑪	保险丝编号由保险丝代码和序列号组成，位于前机舱的保险丝代码为 EF，室内保险丝代码为 IF，分线盒内的保险丝代码为 HF
⑫	继电器编号由英文字母和序列号组成
⑬	如果一个系统内容较多，线路需要用多页表示时，线路起点用 ▷ 表示，线路到达点则用 ◁ 表示。如一张图中有一条以上的线路转入下页，则分别以 B、C 等字母表示，以此类推

任务2 认识新能源汽车电气检测仪器及故障诊断

任务目标

1. 认识汽车电路故障的基本形式。
2. 掌握万用表、数字兆欧表、示波器等常用仪器的使用方法。
3. 掌握新能源汽车电气故障常用诊断方法。
4. 能小组合作并发扬工匠精神，按照安全操作规范完成新能源汽车高压器件的绝缘测试任务。

任务导入

某吉利 4S 店售后维修小组接到一张任务工单：一辆吉利帝豪 EV300 纯电动车，行驶里程 42 000km，因交通追尾事故，出现高压无法上电故障。维修技师初步诊断故障原因为高压电路漏电。在这次检修任务中，需要用到汽车专用万用表、绝缘电阻测量仪等。如果你是维修技师，将如何使用这些仪器进行高压电路的绝缘电阻的测量？

知识链接

一、汽车电路故障的基本形式

汽车电路故障大多数是因为绝缘层老化（或损坏）、过载或车辆振动致导线连接松脱，而造成电路断路、短路、高压漏电和接触不良。

1. 断路故障

断路是指电路导线断开，使电路不能构成闭合回路，电路中没有电流流过，因此用电器不能正常工作，如图1-2-1所示。造成电路断路的原因通常是熔丝熔断、导线接线端子变形或从导线插接器滑出，或用电设备内部导线断开（如灯泡灯丝烧断）等。在图1-2-1中，小灯B所在的支路出现了断点E，造成小灯B没有电流流过，故小灯B不亮。

2. 短路故障

短路是指电路的电流全部或部分经旁路电路构成回路流回电源，因此，用电器不能正常工作，如图1-2-2所示。造成电路短路的原因通常是导线与导线、线圈与线圈之间的绝缘层老化或破损，使其之间互相导通而出现短路。在图1-2-2中，小灯B的两端被短接线EF短路，电流经短接线EF流过，造成小灯B没有电流流过，故小灯B不亮。

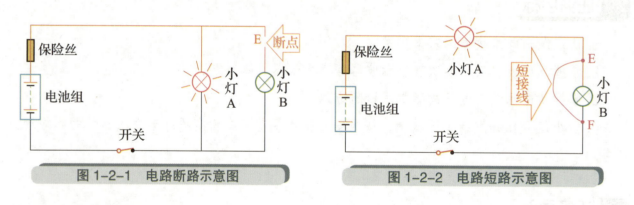

图1-2-1 电路断路示意图　　图1-2-2 电路短路示意图

3. 搭铁故障

搭铁故障是指汽车电器的正极电源线或信号线绝缘层损坏，而直接经车架导体与电源的负极（蓄电池的负极）构成回路，是电路短路的一种表现形式。搭铁电路的电阻值很小（接近0Ω），因此，正极电源线搭铁时回路电流很大，可能会迅速烧断熔丝，也可能出现导线绝缘材料受热燃烧冒烟等现象。

4. 接触不良故障

电路接触不良是指导线连接不牢固而表现的虚接（似接非接），是电路断路的一种表现形式，在汽车电路故障维修中此现象较多。当车辆行驶振动时，电路出现时通时断，用电器具不能正常工作。电路接触不良故障通常是由于接线端子固定螺母、螺钉松动或腐蚀造成的。电路接触不良部位电阻较大，通电后电压较大，温度升高，甚至烧蚀。

二、新能源汽车电气检测常用仪器的使用

目前，新能源汽车电气设备检测常用的工具和仪器有跨接线、测试灯、汽车专用万用表、绝缘电阻测试仪、汽车故障诊断仪及示波器等。正确掌握常用检测仪器的使用方法是新能源汽车电气设备检修的基本要求，在检测过程中务必确保人身安全和设备安全。

1. 跨接线

跨接线就是一段专用导线。不同形式的跨接线主要是长短和两端接头不同。跨接线两端的接头一般做成不同形式的插头或鳄鱼夹，以适应不同位置的跨接。使用跨接线跨接电路中的两点后，要确保不会造成电源正负极之间的短路故障。跨接线如图 1-2-3 所示。

2. 测试灯

测试灯实际就是带导线的电笔，其内部的灯是发光二极管（LED）或小灯泡。测试灯主要用来检查新能源汽车电源电路的通或断。常见的测试灯如图 1-2-4 所示。

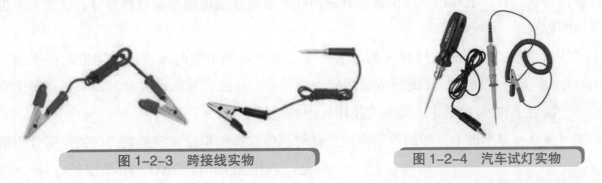

图 1-2-3 跨接线实物　　　　图 1-2-4 汽车试灯实物

3. 汽车专用万用表

万用表是检测电子电器和电路最常用的仪表之一，它以携带和使用方便、可测参数多等显著特点而深受汽车检修人员的青睐。万用表可用来测量电压、电流、电阻、晶体管等。汽车修理中常用万用表来测量电阻和电压，以判断电路的通断和电气设备的技术情况。万用表可分为指针式（模拟式）万用表和数字式万用表两种类型。指针式万用表具有造价低、保护功能较完善、易于维修等优点，使用电阻挡可以对晶体管及电解电容的质量及性能做出一定判断。数字式万用表具有读数准确、电压挡灵敏度高、电流挡量程大、测量种类功能齐全及使用方便等优点，但是测量时数字跳跃，确定读数时需要较长时间。汽车数字万用表面板说明如图 1-2-5 所示。

图 1-2-5 汽车数字万用表面板说明

（1）电阻的测量。

①测量步骤：如图 1-2-6 所示，首先红表笔插入"VΩ"孔，黑表笔插入"COM"孔，量程旋钮打到"Ω"量程挡适当位置，分别用红黑表笔接到电阻两端金属部分，读出显示屏上显示的数据。

②注意事项：量程的选择和转换。选择量程小于被测电阻时（或当被测电阻值无穷大时），显示屏上会显示"1."。此时应换用较大的量程；反之，量程过大时，如果显示屏上会显示一个接近于"0"的数字，此时应换用较小的量程。

如何读数？显示屏上显示的数字再加上此时挡位选择的单位，就是它的读数。需要提醒的是，在电阻挡时，"200"挡单位是"Ω"，在"2~200k"挡时，单位是"kΩ"，在"2~2 000M"挡时，单位是"MΩ"。

图 1-2-6 电阻测量

如果被测电阻值超出所选择量程的最大值，将显示过量程"1."，应选择具有更高量程的万用表，对于大于 1MΩ 或更大的电阻，要几秒钟后，读数才能稳定，这是正常的。

当红黑表笔没有与被测电阻连接好时，即开路情况，仪表显示"1."为正常。当用万用表检测线路的阻抗时，要保证被测线路中的所有电源被切断，如有电容应首先放完电。被测线路中，如有电源和储能元件，会影响线路阻抗测试的正确性。

万用表的200MΩ挡位，短路校零时有数值，在测量时应从测量读数中减去这个数值。如测一个电阻时，短路校零时显示为1.0，测量电阻时为101.0，则应从101.0中减去1.0。被测元件的实际阻值为100MΩ。

（2）直流电压的测量。

①测量步骤：红表笔插入"VΩ"孔，黑表笔插入"COM"孔，量程旋钮调到直流电压挡"V -"适当位置（如图1-2-7所示，测量12V蓄电池的电压时），分别用红、黑表笔并联到被测电路两端，数值稳定后读出显示屏上显示的数据。

②操作注意事项：将万用表的功能/量程旋钮开关，选择大于且最接近被测

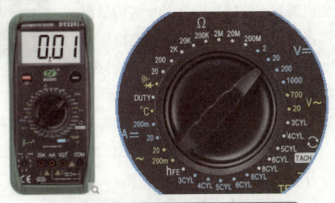

图1-2-7　12V蓄电池电压测量挡位

值的直流电压挡。红黑表笔并联到被测电路的两端，要求接触良好，等待显示屏的数字稳定后可以直接从显示屏上读取测量值。若显示为"1."，则表明量程太小，则选择更大的量程后再测量。若在数值左边出现"-"，则表明表笔极性与实际电源极性相反，此时红表笔接的是负极，黑表笔接的是正极。

在新能源汽车低压电路检测中，经常需要测量电路中的电压值，一般是指电路中某条线或某点与电池负极（搭铁点）之间的电压值。具体操作方法是万用表调到20V直流电压，将黑表笔搭铁，红表笔接触被测点，读取显示屏上电压值。这种方法只能用于测量和诊断大于0V的电位点是否正常，而无法测量和诊断本来就是0V的电池负极线和搭铁线是否正常，因为电池负极线和搭铁线断路后的负极电压是0V，与正常时测得的电压一样，即无法判断负极线或搭铁线是否断路。

用万用表检测负极线或搭铁线是否断路的方法有两种：一种是在断电状态下将万用表量程旋钮打到"20"Ω的电阻挡，测量测试点到电池的"-"极（或搭铁点）之间的电阻值，测量值小于1Ω为正常；另一种是在带电状态下，将万用表量程旋钮调到20V直流电压挡，红表笔接12V蓄电池正极线，黑表笔接被测的负极线（或搭铁线），如果显示屏显示为低压蓄电池电压值则线路正常，如果显示屏显示为"0V"则搭铁线有断路故障。

③安全注意事项：新能源汽车直流高压测量和进行高压断电后的验电时，一定要注意人身安全，操作时要佩戴符合电压等级要求的绝缘手套，不要用手触摸表笔的金属部分及裸露的带电导线；在高压系统检查中严格遵守一人监督、一人操作和单手操作原则。

（3）交流电压的测量。

①测量步骤：红表笔插入"VΩ"孔，黑表笔插入"COM"孔，量程旋钮调到交流电压

"V~"适当位置（见图1-2-8），红黑表笔并联到被测的交流电路中，数值稳定后读出显示屏上显示的数据。

②操作注意事项：红黑表笔插孔与直流电压的测量一样，不同的是将旋钮调到交流挡"V~"处所需的量程，选择的量程应大于且接近被测电压值。如果被测交流电压为180V，则可选择"200V~"量程，如图1-2-8所示。测量交流电压时无正、负之分，红黑表笔测量位置可随意互换，测量结果不变。

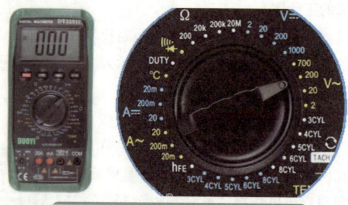

图1-2-8 交流电压测量挡位

③安全注意事项：在交流电压测量时，一定要注意人身安全，不要用手触摸表笔的金属部分及裸露的带电导线。

（4）直流电流的测量。

①测量步骤：将黑表笔插入"COM"端口，红表笔插入"mA"或者"20A"端口，功能/量程旋钮开关调至"A-"挡。选择大于且最接近被测电流值的量程。先断开被测电路的电源，再断开被测点的线路，将数字万用表串联入被测点线路中，让被测线路中电流流入红表笔，经万用表黑表笔流出，再流入被测线路中。接通被测电路的电源，数值稳定后读出显示屏的数字。

②操作注意事项：测量前估计电路中电流的大小。若被测电流大于200mA，则要将红表笔插入"20A"插孔，黑表笔插入"COM"端口，并将功能/量程旋钮开关调到直流"20A"挡；若测量小于200mA的电流，则将红表笔插入"mA"插孔，黑表笔插入"COM"端口，将量程旋钮开关调到直流200mA以内的合适量程。将万用表串联到被测电路中进行测量，如果读数显示为"1."，说明量程小于被测电路电流，应转换更大量程挡再进行测量；如果在数值左边出现"-"，则表明电流从黑表笔流进万用表。

（5）交流电流的测量。

①测量步骤：将黑表笔插入"COM"端口，红表笔插入"mA"或者"20A"端口，功能/量程旋转开关调至A~（交流电流挡）位置，并选择合适的量程。首先切断被测电路的电源，其次断开被测线路，将数字万用表串联入被测线路中，被测线路中电流从一端流入红表笔，经万用表黑表笔流出，再流入被测线路中。接通电路电源进行测量，数值稳定后读出显示屏数字。

②注意事项：电流测量完毕后，应将红笔插回"VΩ"孔。如果使用前不知道被测电流范围，将功能开关置于最大量程并逐渐下降。如果显示屏显示"1."，表示被测值超过量程，功能/量程开关应置于更高量程。选择"200mA"挡位时，表示万用表最大输入电流为200mA，如果通过大于200mA的电流将烧坏对应的保险丝，应更换相同规格的保险丝，

"20A"量程无保险丝保护，测量时不能超过15s。测量高于安全电压（50V）电路的交流电流时，一定要注意人身安全，不要用手触摸表笔的金属部分及裸露的带电导线。

（6）数字万用表使用注意事项。当无法估计被测电压或电流的大小时，应先选择最高量程挡测量一次，再视情况逐渐把量程减小到合适位置。测量完毕，应将量程开关拨到最高电压挡，并关闭电源开关。当被测值超过量程时，万用表显示屏仅在最高位显示数字"1."，其他位均消失，这时应选择更高的量程。测量电压时，应将数字万用表与被测电路并联；测电流时应与被测电路串联；测交流量时，不必考虑正、负极性。当误用交流电压挡去测量直流电压，或者误用直流电压挡去测量交流电时，显示屏将显示"000"，或低位上的数字出现跳动。禁止在测量时换量程，特别是测量高电压（220V以上）或大电流（0.5A以上）时，以防止产生电弧，烧毁开关触点等。当万用表的内部电池电量即将耗尽时，LCD显示屏左上角电池电量低提示，即有电池符号显示，表示电量不足，若仍进行测量，测量值会比实际值偏高。

4. 绝缘电阻测试仪

（1）常见绝缘电阻测试仪的分类。常见绝缘电阻测试仪有两种：手摇式绝缘电阻测试仪和电子式绝缘电阻测试仪。

①手摇式绝缘电阻测试仪（又叫手摇式兆欧表，如图1-2-9所示）。由高压手摇发电机及磁电式双动圈流比计组成，具有输出电压稳定、读数正确、噪声小、振动轻等特点，且装有防止测量电路泄漏电流的屏蔽装置和独立的接线柱，有测试500V、1 000V、2 000V等规格。手摇式绝缘电阻测试仪电压规格是与被测电气设备的工作电压相匹配的，即1 000V的兆欧表宜用来测量工作电压为1 000V以下的电气设备。

②电子式绝缘电阻测试仪。电子式兆欧表一般由直流电压变换器将电池电压转换为直流高压作为测试电压，该测试电压施加于被测物体上，产生的电流经电流电压变换器转换为与被测物体绝缘电阻相对应的电压值，再经模数转换电路变为数字编码，然后经微处理器处理，由显示器显示相应的绝缘电阻值。如图1-2-10所示，为一种电子式绝缘电阻测试仪实物图。电子式绝缘电阻测试仪采用干电池供电，带有电量检测，有模拟指针式和数字式两种。具有操作方便、输出功率大、带载能力强、抗干扰能力强等特点，输出短路电流可直接测量，不需带载测量进行估算。

图1-2-9　手摇式绝缘电阻测试仪

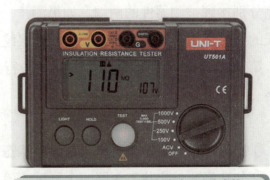

图1-2-10　电子式绝缘电阻测试仪

（2）绝缘电阻的测量。

①优利德牌 UT526 绝缘电阻测试仪面板，如图 1-2-11 所示。

绝缘电阻测量

图 1-2-11　UT526 绝缘电阻测试仪面板说明

1—绝缘电阻测试高压输出孔；2—零线端和电压测量输入负端插孔；3—地端插孔；
4—火线端和电压测量的正端插孔；5—LCD 显示屏；6—功能旋钮开关；
7—RCD 电流 / 电压转换开关；8—RCD 角度转换和归零按键；9—测试按键

②绝缘电阻的测量步骤：绝缘电阻测量是新能源汽车高压部件检测重要内容之一。电子式绝缘电阻测试仪测量绝缘电阻的步骤如下。

第一步，如图 1-2-12 所示，将红表笔插入"L"端口，黑表笔插入"E"端口，功能旋钮开关调至适当的位置。如果被测器件电路工作电压为 250V 以下的，则功能旋钮开关调到"250V"的位置；如果被测器件电路工作电压为 250~500V 的，则功能旋钮开关调到"500V"的位置；如果被测器件电路工作电压为 500~1 000V 的，则功能旋钮开关调到"1 000V"的位置。

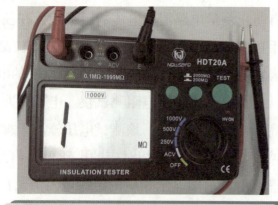

图 1-2-12　绝缘电阻测量表笔插孔位置

第二步，在确认高压器件断电（处于不带电状态）的情况下，佩戴好绝缘手套，将红黑表笔分别接到被测器件的两端。如果测量一条动力高压线束的绝缘电阻，则将红表笔接到高压线的线芯，黑表笔接到高压线束的外层绝缘，屏蔽层与"G"端口相连。

第三步，按下测量按钮"TEST"进行绝缘电阻测量，数值稳定后读出 LCD 显示屏的数字。

（3）注意事项。

①在测试前，确定待测电路是无电状态，请勿测量带电设备或带电线路的绝缘电阻。

②勿在高压输出状态短路两个测试表笔和高压输出之后再去测量绝缘电阻。

③当测量电压为100V，测量电阻低于500kΩ（测量电压为250V，测量电阻低于1MΩ；测量电压为500V，测量电阻低于2MΩ；测量电压为1 000V，测量电阻低于5MΩ）时，每次测量不要超过10s。

④测试完毕，勿用手触摸电路，此时电路中的电容可能带电，存在被电击的危险。

5. 汽车故障诊断仪

汽车故障诊断仪（又称汽车解码器）是车辆故障自检终端，是用于检测汽车故障的便携式智能汽车故障自检仪。用户可以利用它迅速地读取汽车电控系统中的故障，并通过液晶显示屏显示故障信息，方便维修人员查明发生故障的部位及原因。

（1）汽车故障诊断仪的功能。汽车故障诊断仪是维修中非常重要的工具之一，一般具有如下几项功能。

①读取故障码。

②清除故障码。

③读取车辆各电控系统动态数据流。

④示波功能。

⑤元件动作测试。

⑥匹配、设定和编码等功能。

⑦英汉辞典、计算器及其他辅助功能。

故障诊断仪一般可分为原厂专用型和通用型两大类型。故障诊断仪一般由主机、测试卡、测试主线、测试辅线和测试插头组成。通用型故障诊断仪（道通MS908诊断仪）实物如图1-2-13所示。

（2）故障诊断仪使用注意事项。

①自诊断系统只能监视电控系统电路。

②自诊断系统一般只能监视信号变化的范围，不能监视传感器特性的变化。

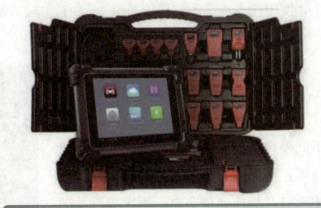

图1-2-13 通用型故障诊断仪（道通ＭＳ908诊断仪）

③自诊断系统监视的是某一电路，而非某一元件，如某传感器相应线路故障、某电磁阀相应线路故障，故障码反映了系统存在故障，但实际上并非相应线路故障。

④要善于运用故障诊断仪的动态测试功能。

6. 示波器

示波器可以用来显示汽车电气控制系统中输入、输出信号的电压波形，以供维修人员波形分析，判断汽车电气系统的故障。示波器比一般电子设备的显示速度要快，能显示瞬时波形，是汽车电气系统尤其是车载网络系统故障诊断中的重要设备。优利德双通道示波器及版面说明，如图1-2-14所示。

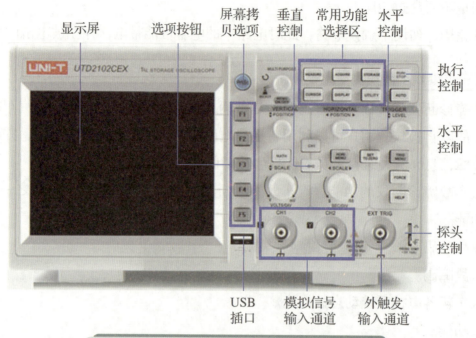

图1-2-14 优利德双通道示波器及版面说明

（1）功能检查。

①按"Storage"键默认设置，将示波器恢复为默认配置。

②将探头的接地鳄鱼夹与探头补偿信号输出端下面的"接地端"相连。

③使用探头连接示波器的通道1（CH1）输入端和探头"补偿信号输出端"。

④按"AUTO"键。

⑤观察示波器显示屏上的波形，正常情况下应显示如图1-2-15所示的方波。

（2）垂直控制。CH1、CH2通道标签用不同颜色标识，并且屏幕中的波形和通道输入连接器的颜色也与之对应。按下任一按键打开相应通道菜单，再次按下关闭通道。

垂直控制开关"POSITION"：修改当前通道波形的垂直位移。顺时针转动增大位移，逆时针转动减小位移。修改过程中波形会上下移动，同时屏幕左下角弹出的位移信息实时变化。按下该旋钮可快速复位垂直位移。

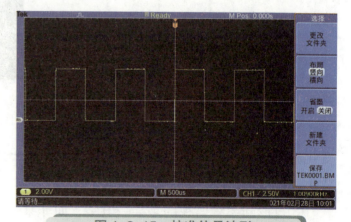

图1-2-15 校准信号波形

垂直量控制开关"SCALE"：修改当前通道的垂直挡位。顺时针转动减小挡位，逆时针转动增大挡位。修改过程中波形显示幅度会增大或减小，同时屏幕下方的挡位信息实时变化。按下该旋钮可快速切换垂直挡位调节方式为"粗调"或"微调"。

（3）水平控制。按下"MENU"键打开水平控制菜单。可开关延迟扫描功能，切换不同的时基模式，切换挡位的微调或粗调，以及修改水平参考设置。

水平"SCALE"键：修改水平时基。顺时针转动减小时基，逆时针转动增大时基。修改过程中，所有通道的波形被扩展或压缩显示，同时屏幕上方的时基信息实时变化。按下该旋钮可快速切换至延迟扫描状态。

水平"POSITION"键：修改触发位移。转动旋钮时触发点相对屏幕中心左右移动。修改过程中，所有通道的波形左右移动，同时屏幕右上角的触发位移信息实时变化。按下该旋钮可快速复位触发位移（或延迟扫描位移）。

（4）触发控制。模式键"MODE"：按下该键切换触发方式为 Auto、Normal 或 Single，当前触发方式对应的状态背灯会变亮。

触发"LEVEL"键：修改触发电平。顺时针转动增大电平，逆时针转动减小电平。修改过程中，触发电平线上下移动，同时屏幕左下角的触发电平消息框中的值会实时变化。按下旋钮"FORCI"键可快速将触发电平恢复至零点。

三、新能源汽车故障常用诊断方法

1. 仪表指示灯诊断法

仪表指示灯诊断法是指利用车上安装的指示仪表和故障报警灯的显示，对新能源汽车运行中的故障做出初步的诊断，如图 1-2-16 所示。例如，根据汽车仪表的辅助电池故障灯、高压动力电池组故障灯、充电枪指示灯、动力系统故障灯等是否点亮，初步诊断哪个系统有故障。

图 1-2-16　吉利帝豪 EV300 汽车动力系统报警灯点亮

2. 万用表诊断法

用万用表（最好用高阻抗的数字万用表）检测汽车电器的工作性能（工作电压、工作电流及其电阻值）及其电路的通断情况，是诊断新能源汽车电气系统故障常用的重要方法。例如，用万用表直流电压挡测量 DC/DC 转换器输出端的电压值，来诊断汽车高压正常上电的条件下 DC/DC 转换器工作是否正常（电压值 13~14V 为正常）；用万用表电阻挡测量线束的电阻值，如果测量某条线束的电阻值小于1Ω，则说明该条线束阻值正常。

3. 测试灯诊断法

测试灯诊断法是检测汽车电路中某点是否通电的常用检测方法。用测试灯检查断路故障时，接通被检测电路的控制开关，将测试灯的鳄鱼夹子夹到在金属车架或电机等器件的金属外壳或12V电池的负极线，将测试灯的探针从电源端开始按电路顺序逐段向用电设备检查，如图1-2-17所示。若测试A、B、C点时测试灯点亮，则表明从电源到测试点（电源正极到C点）的电路良好；若测试灯不亮则表明前面的电路有断路故障，其断路故障点就在测试灯亮时的测试点与测试灯不亮的测试点之间（即C点到D点之间）。

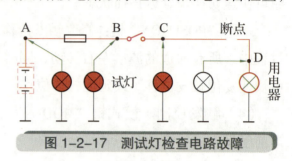

图1-2-17 测试灯检查电路故障

4. 短接诊断法

短接诊断法就是用一根导线将可能有故障的电路的中间环节（如开关、保险丝、部分导线等）短路隔离，再通过观察短接后用电设备能否正常工作来诊断故障的发生部位。如果在图1-2-18中，短接A点和C点时灯不亮，而短接A点和D点时灯正常发亮，则表明故障点在C、D之间。使用短接诊断法前务必确认两点被短接后不会造成电源正负极人为短路故障。

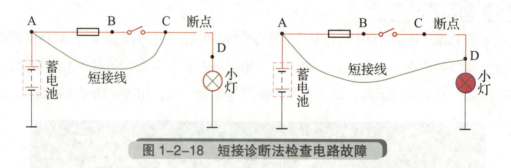

图1-2-18 短接诊断法检查电路故障

5. 换件诊断法

换件诊断法是指用良好的器件将可疑损坏的旧器件换下，然后进行实验对比。若器件换上后故障现象消除，则证明原旧件已损坏，有些器件特别是控制器更换后要进行匹配工作。

6. 故障诊断仪检测法

用与车型相符的故障诊断仪找到合适的接头，连接好诊断仪。打开点火开关，按操作程序和提示进入要查找的系统菜单。选择"读取故障码"选项，若车辆有故障码，则在诊断仪的显示屏上显示故障码。再根据故障码所对应的具体信息，结合对应的维修手册等资料进行综合分析故障原因和可能的故障点。也可选择"读取动态数据流"选项，按维修手册的标准数据流对照实际数据，判断故障所在。

在诊断新能源汽车故障时，要根据不同车型及其各系统的结构特点，在不扩大故障和损坏器件的前提下，采取既简便又安全的诊断方法。有些故障的诊断，往往需要两种或两种以上的方法予以综合分析，最后才能确诊故障所在。

四、新能源汽车电气设备故障检修步骤

1. 确认故障现象

为了正确地检修新能源汽车电气设备故障，首先要确认客户所描述的故障现象，详细了解故障发生时的有关状况和环境条件。仔细核查相关部件以确认故障现象并做好记录，不允许在未确定故障范围及原因之前对部件进行分解工作。必要时进行路试，确认故障信息。如果不能再现故障，请参见"故障模拟测试"。

2. 电路图识读及故障原因分析

根据系统电路图对故障部件从电源到接地的整个电路进行分析、判断，确定维修操作方案。如果无法确定维修操作方案，需参考维修手册中的说明与操作中对该系统的描述，明白其工作原理。同时需要检测与故障电路公用的其他电路，如保险丝、接地、开关等公用的系统电路。如果公用电路中的其他部件工作正常，则故障就在电气设备本身电路上。如果公用电路上的部件有故障，则先排除保险丝或接地电路的故障。

3. 电路及部件的检查

检修时，电路图应该结合维修手册使用，参考维修手册中对电路及部件的检查流程。对于有模块控制的电路，应该充分结合诊断测试仪对部件进行测试，有效的故障诊断应该是具有逻辑性的合理操作过程。充分结合维修手册中的故障诊断流程，从可能性最大的原因和最容易检查的部件开始检查。优先检查系统是否有线路缠结、接头松动或线路损坏。确定故障涉及的电路和元件，并根据电源电路和线束布置图进行诊断。

4. 故障维修

发现故障，参考维修手册中对故障处理方法的描述，修理或更换故障电路或元件。

5. 确认电路工作状态

维修结束后，确认故障已经排除，应该重新检测所有功能是否已经恢复正常。如果是保险丝熔断故障，则应该对所有共用该保险丝的电路进行检测，排除其短路故障。应在所有模式下运行系统，确认系统在所有条件下均能正常工作。确认没有在诊断和修理过程中因粗心而引起的新故障。

学习情境二

新能源汽车低压电源系统故障检修

情境描述

无钥匙进入和启动系统简称 PEPS（Passive Entry Passive Start）系统，是一种汽车新型智能电子防盗系统。PEPS 系统工作正常是进入车辆和启动车辆的基础。12V 低压电源系统正常工作又是新能源汽车动力驱动系统的高压上电的基础。因此，由于 12V 辅助电池亏电、PEPS 系统故障等原因引起新能源汽车低压无法上电故障是新能源汽车电气系统最重要的检修内容之一。

情境目标

1. 了解新能源汽车 12V 低压电源系统的组成。
2. 能描述 PEPS 系统组成和工作原理。
3. 能查阅维修手册，小组合作并发扬工匠精神，完成新能源汽车低压上电系统常见故障检修任务。
4. 能按 6S 管理要求管理施工现场。

任务1 检修新能源汽车12V蓄电池亏电故障

任务目标

1. 能描述新能源汽车12V电源系统组成。
2. 能掌握新能源汽车12V电源系统故障的检修方法。
3. 能进行小组合作并发扬工匠精神,按照维修手册安全操作规范,完成新能源汽车12V电池亏电故障检修任务。

任务导入

某新能源4S店售后维修小组接到一张任务工单:一辆2016款新能源汽车,行驶里程75 000 km,突然出现车辆无法启动的现象,维修技师初步断定为12V辅助电池亏电故障。作为技师的你,应如何检修该故障?

知识链接

一、新能源汽车12V电源

如图2-1-1所示,为纯电动汽车12V电源系统示意图。纯电动汽车的电源分为主电源和辅助电源。主电源是动力电池组,实物如图2-1-2所示,它为驱动电机、空调和DC/DC转换器等提供直流高压电源;辅助电源是12V辅助蓄电池,为车载各种仪表、控制系统等提供直流低压工作电源。

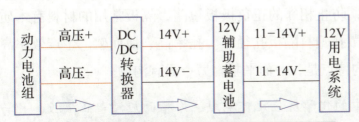

图2-1-1 新能源汽车12V电源系统

图2-1-2 高压电池组

电动汽车电源系统是汽车稳定运行的能源保障。电源的可靠性对于整车系统的性能起着至关重要的作用。电动汽车设计和选择电源时要考虑配电方案、布局、搭铁回路等，以实现对负载良好的供电，达到电压调整高精度、低噪声，同时避免系统中电路之间的干扰、振荡以及过热等问题的出现。混合动力汽车和纯电动汽车一般采用DC/DC转换器替代传统汽车的交流发电机。DC/DC转换器将直流高压转换为14V左右的直流电源，为汽车电器供电，同时为12V辅助蓄电池充电。

蓄电池是一种将化学能转换为电能的装置，是一种可逆的直流电源。目前乘用车上广泛使用起动性能较好的两种酸性电池：普通铅酸蓄电池和免维护蓄电池，实物如图2-1-3所示。

12V的铅酸蓄电池是由6个单格电池串联而成的，每个单格电池的额定电压为2V。蓄电池主要由极板、隔板、壳体、联条、电解液和极桩组成。

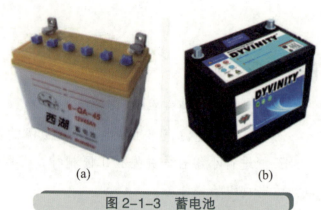

图 2-1-3 蓄电池
（a）普通铅酸蓄电池；（b）免维护蓄电池

1. 极板

极板是蓄电池的核心部分，它由栅架和活性物质组成。极板分为正极板和负极板两种。铅酸蓄电池正极板上的活性物质为二氧化铅（PbO_2），呈深褐色；铅酸蓄电池负极板上的活性物质为海绵状纯铅（Pb），呈青灰色。一片正极板和一片负极板浸入电解液中，可得到2.1V的电动势，极板形状如图2-1-4所示。为增大蓄电池容量，常将多片正、负极板分别并联组成正、负极板组。在单格电池中负极板总比正极板多一片。将正极板夹在负极板之间，可使两侧均匀放电，防止活性物质因体积变化不一致而造成极板拱曲。

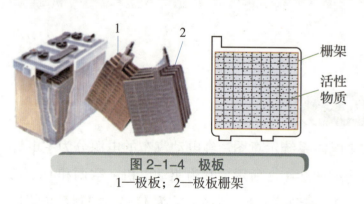

图 2-1-4 极板
1—极板；2—极板栅架

2. 隔板

隔板的作用是将正、负极板隔离，防止相邻的正负极板短路，隔板常用的材料有木质、微孔橡胶、玻璃纤维和微孔塑料等。微孔塑料隔板孔径小、孔率高、薄而软、生产效率高、成本低，目前被广泛采用。隔板的结构特点是，一面平整，另一面有沟槽。

⚠️ **注意**：正极板在充电、放电过程中的化学反应比较剧烈，沟槽面应对着正极板，且与底部垂直。

3. 电解液

铅酸蓄电池的电解液,是由密度为 1.84g/cm³ 的纯硫酸和蒸馏水按一定的比例配制而成的。蓄电池电解液的密度一般在 1.24~1.31g/cm³ 的范围之内,使用中密度应根据地区、气候条件和制造厂的要求而定,如表 2-1-1 所示。电解液的密度、温度、纯度影响蓄电池的性能、寿命,一般工业用的硫酸和普通水中含有铁、铜等有害杂质,绝对不能加入蓄电池中,否则会造成蓄电池自行放电,也易损坏极板,蓄电池电解液要用规定的蓄电池专用硫酸和蒸馏水配制。电解液密度还与充放电状态直接相关。

表 2-1-1 不同气温下电解液密度的选择

使用地区最低温度（℃）	冬季（g/cm³）	夏季（g/cm³）
<-40	1.30	1.26
-30~-40	1.28	1.25
-20~-30	1.27	1.24
0~20	1.26	1.23

4. 外壳

蓄电池外壳由电池槽和电池盖组成,其作用是盛装电解液和极板组。电池槽被隔板分为 6 个互不相通的单格,底部制有凸起的筋条。每个单格都有一个加液孔,用于加注电解液或检测电解液密度。加液孔用螺塞或盖板密封,防止电解液外溢。在加液孔盖上设有通气孔,以便排出化学反应所产生的气体。该通气孔在使用中应保持畅通,防止外壳膨胀而发生事故。

5. 联条

联条的作用是将单格电池串联起来,以提高整个蓄电池总成的端电压。制造联条的材料是铅锑合金。单格电池串联的方式有传统外露式、穿壁式、跨越式三种,如图 2-1-5 所示。

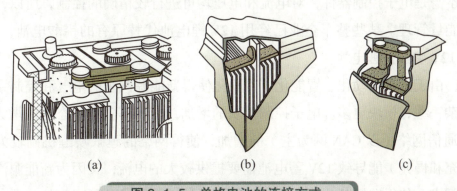

图 2-1-5 单格电池的连接方式
（a）传统外露式；（b）穿壁式；（c）跨越式

6. 极桩

蓄电池极桩的形状有圆锥形和 L 形等。蓄电池极桩分为正极和负极。为了便于区分,正极桩的直径通常比较粗，且用"+"或符号"P"表示，表面常涂红色油漆；负极桩的直径通常较细，且用"-"或符号"N"表示，表面可涂成蓝色或不涂颜色，如图2-1-6所示。

7. 免维护蓄电池的电眼

电眼又称为密度指示器，如图2-1-7所示。它是以蓄电池内部电解液的密度为测试标准的。蓄电池在使用过程中，电解液的密度随着电量的多少而变化。电量大，密度高；电量少，密度低。电眼内有一个红色和一个绿色密度球，它们随着密度的变化而升降，显示不同的颜色，但因准确度低，一般只作参考。

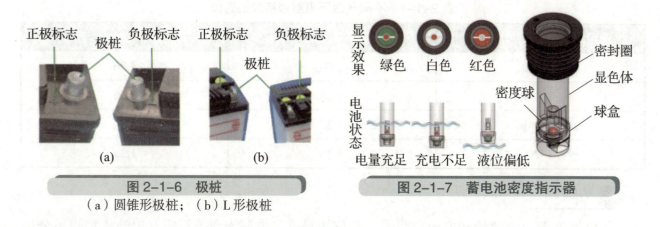

图2-1-6 极桩
（a）圆锥形极桩；（b）L形极桩

图2-1-7 蓄电池密度指示器

二、12V蓄电池亏电对新能源汽车的影响

大部分新能源汽车采用DC/DC转换器取代了传统汽车的发电机，为新能源汽车低压电气系统提供工作的直流电源。使得原有12V蓄电池的功用产生了改变，它只作为新能源汽车的辅助能源单元，而不需要提供瞬时过高功率。在较早的普锐斯HEV车型上，12V电池采用了循环充电能力比铅酸蓄电池高3倍、使用寿命7~10年的AGM免维护专用电池。DC/DC转换器由于本身是电子控制器件，对电流和电压均可进行较精确的控制，所以，可以实现对12V电池的能量管理，某些整车企业已经用12V锂电池代替原有的铅酸电池，如比亚迪E5纯电动车的12V磷酸铁锂电池。

实际上，由于汽车电动化、智能化、网联化使得新能源汽车的电气和控制系统结构相对传统车要复杂一些，模块更多。电子控制模块的增加，使得车辆的静态电流增大；电子控制模块之间的通信网络（以CAN网为主）的增加，使得网络的睡眠唤醒机制较为复杂，特别是充电（快充和慢充）能导致12V蓄电池需要提供较大的电流；又因为新能源汽车接入车联网的监控等需求，使得车辆某些电子控制系统总是处于工作或准备工作的状态，可能在某些状态下没办法完全让车辆"休眠"。这些原因有可能导致停置一段时间（几天或者一周以上）的车辆，即使高压动力电池满电的情况下，车辆也启动不了。因为控制模块正常工作电压通常是9~16V，造成亏电的铅酸/AGM蓄电池持续输出电流，电压就会持续下降（降到低于继电器正常工作电压），而 DC/DC 转换器给蓄电池充电电路本身就需要 12V 电源给继电器线圈供电来维持触点的接通。所以，一旦蓄电池供电不足，这个系统就无法正常工作。

三、新能源汽车 12V 蓄电池亏电故障检修思路

12V 蓄电池亏电故障检修

1. 故障现象

新能源汽车无法上电启动。

2. 可能原因

（1）12V 蓄电池本身故障。

（2）DC/DC 转换供电故障。

（3）DC/DC 转换器内部故障。

（4）DC/DC 转换器与蓄电池连接电路故障。

3. 检查与排除方法

（1）检查蓄电池电压及性能，标准电压值为 11~14V。

（2）检查低压保险丝盒内 DC/DC 的保险丝是否正常。

（3）检查 DC/DC 转换器电源正负极供电电路是否正常。

（4）检查高压分电盒高压插件与 DC/DC 转换器高压插件的插头是否导通。

（5）检查 DC/DC 转换器输出端的搭铁线负极插件端子。

任务 2　检修新能源汽车无钥匙进入和启动系统故障

任务目标

1. 熟悉新能源汽车无钥匙进入和启动系统的基本组成。

2. 掌握新能源汽车无钥匙进入和启动系统的工作原理。

3. 能查找维修手册，小组合作并发扬工匠精神，完成新能源汽车无钥匙进入和启动系统常见故障检修任务。

任务导入

某新能源4S店售后维修小组接到一张任务工单：一辆2017款吉利帝豪EV300纯电动汽车，行驶里程60 000km，因发生被追尾事故，无钥匙进入系统功能正常，低压电源无法上电，车辆无法启动。作为新能源汽车维修技师的你，应如何检修该故障？

知识链接

一、无钥匙进入和启动系统组成

无钥匙进入和启动系统简称PEPS（Passive Entry Passive Start）系统，是一种汽车新型智能电子防盗系统。无钥匙进入和启动系统主要由车身控制模块（BCM）、无钥匙进入和启动模块（PEPS）、转向柱电子锁（ESPL）、启动开关、门把手（电容传感器或者触点传感器）、低频天线和智能钥匙等零部件组成。吉利帝豪EV300纯电动车无钥匙进入和启动系统各个零部件在整车的分布，如图2-2-1所示。

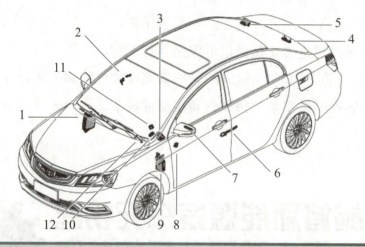

图2-2-1 吉利帝豪EV300纯电动车PEPS系统零部件位置

1—PEPS；2—乘客侧门把手传感器；3—转向柱电子锁；4—无钥匙进入天线（行李箱）；5—防盗喇叭；6—驾驶员侧门把手传感器；7—无钥匙进入天线（副仪表板）；8—防盗指示灯；9—中央集控器（BCM）；10—智能钥匙；11—启动开关；12—无钥匙进入天线（仪表板）

1. 智能钥匙

智能钥匙是由发射器、遥控中央锁控制模块、驾驶授权系统控制模块3个接收器及相关线束组成。遥控器和发射器集成在车钥匙上，车辆可以根据智能钥匙发来的信号，进入锁止或不锁止状态，甚至可以自动关闭车窗和天窗。智能钥匙内安装三向125kHz的低频接收天线，保证智能钥匙在任意角度均能接收到良好的低频信号。智能钥匙接收到合法低频信号后向外发送433.92MHz的高频认证信号。吉利帝豪EV300纯电动车智能钥匙具备3个功能按键，如图 2-2-2 所示，实现遥控中控门锁功能。按下遥控器上的解锁键一次，四门解锁，转向灯闪烁三次确认，室内灯渐亮，位置灯点亮。按下遥控器上的上锁键一次，四门上锁，转向灯闪烁确认，室内灯渐灭，位置灯熄灭。长按行李箱开启键两秒以上，行李箱弹开。智能钥匙具有的功能包括以下几个。

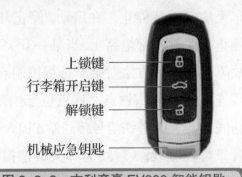

图 2-2-2　吉利帝豪 EV300 智能钥匙

（1）安全的射频连接。智能钥匙将在用户携带的发射器和接收器之间提供一个安全的射频连接，这种射频连接对每个智能钥匙是唯一的。

（2）安全的低频连接。已匹配过的智能钥匙可以接收低频信号和发射射频响应信号。

（3）智能钥匙电池低电压检测功能。

（4）通过低频场强测试实现智能钥匙定位功能。

2. PEPS 控制单元

PEPS 控制单元是无钥匙进入的主控单元，也是钥匙授权识别代码的解码器。PEPS 控制单元的主要功能有：控制和监测无钥匙进入系统；使用外部天线和内部天线与遥控器进行通信；检查遥控钥匙的标识，并传输信号给 BCM 控制单元来控制车门上锁/解锁。无钥匙进入和启动系统主控制器包括必要的电子元器件，用以产生和发送低频征询信号及接收射频响应信号、CAN 总线通信、车辆防盗认证、电源模块和其他功能。无钥匙进入、启动系统主控制器的主要功能有以下几点。

（1）从车辆向钥匙提供低频连接，用以通信。

（2）读取启动/停止按钮信号来开始无钥匙启动。在钥匙验证有效后，控制电源模块和电源继电器的输出，实现与车辆防盗和报警系统的防盗认证。

（3）识别从驾驶员/副驾驶员侧门手柄传感器上传来的信号，用以开始无钥匙进入过程。

（4）识别从驾驶员/副驾驶员侧门手柄传感器上传来的信号，用以开始无钥匙自动锁车。

（5）钥匙进入和退出过程中，当钥匙验证有效后，BCM 会驱动门锁电机控制车门的上锁和解锁。

（6）主控制器还包括射频接收功能，通过 CAN 与其他控制器通信、诊断功能等。

3. 门锁控制单元

中央集控器（BCM）控制车门解锁/上锁。在无钥匙进入系统中，中央集控器（BCM）收到智能钥匙的信号后进行车门解锁/上锁控制。

4. 启动/停止开关

为预防智能钥匙在亏电情况下无法与主控制器进行通信，采用带 IMMO（车辆防盗）线圈、IMMO 基站芯片功能的启动/停止开关。为预防启动/停止开关损坏或线束故障导致整车无法起动或停止，在启动/停止开关采用两路联动开关与控制器连接（见图2-2-3 启动/停止开关及内部电路），当某一开关或线束出现故障时，控制器可利用另一路开关信号通过故障模式处理方法对整车进行控制。启动/停止开关10号线接12V蓄电池正极（+B）；5号线连接到G14搭铁点（该点位于副驾驶左前方）；当接通按钮开关时，6号和1号线是将两路联动开关的搭铁信号传送给PEPS模块，来表达驾驶员要启动车辆的意图；7号线为开关的背景灯控制线；3号线为开关绿色指示灯控制线；8号线为开关橙色指示灯控制线；9号线为LIN网通信线。

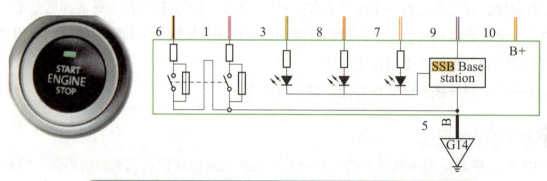

图2-2-3　吉利帝豪EV300启动/停止开关内部电路

5. 低频天线

由控制器驱动低频天线向外发送125kHz低频信号。由于无线信号的传输方式是通过天线的辐射得以实现的，信号的传播向着一个平面的各个方向传播，汽车无钥匙进入系统中采用低频通信模块，为了保证系统的功能要求，低频信号的通信距离成为影响系统工作情况的关键因素，而决定低频信号通信距离取决于汽车端的天线与钥匙端的天线电感性耦合程度。为了达到最高的耦合度，往往需要天线正面重合率达到100%才可以。考虑到PKE系统的应用环境，汽车钥匙端放在驾乘人员身上的放置方向可能是任意的。因此钥匙端的天线与汽车端的天线考虑到三维空间的前提，面对面概率最高只有30%左右。但如果钥匙端采用有三副空间方向各异的天线，则这种概率可增加至100%左右。此时钥匙端可以收到任何方向上的信号。吉利帝豪EV300电动车无钥匙进入系统总共有5个天线，2个前门把手总成中有两个外部天线，室内有3个天线（如图2-2-4所示），天线的主要作用是激发智能钥匙，使智能钥匙发送密码给PEPS控制单元进行验证。

6. 门把手

门把手内封装了低频天线及触感传感器或电容传感器，门把手天线用于在门把手周围特定区域内发射征询信号，触感传感器或电容传感器用于监测被动进入、退出车内动作。车内、车外门把手传感器的位置，如图2-2-5所示。

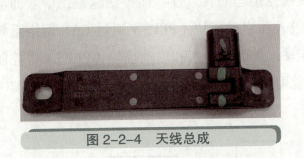

图 2-2-4 天线总成

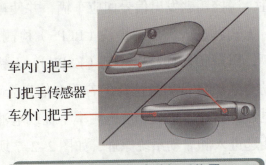

图 2-2-5 车门内外把手位置

7. 电子转向轴锁

如图 2-2-6 所示,为吉利帝豪 EV300 转向轴电子锁电路图。电子转向轴锁通过 LIN 总线与 PEPS 和 SSB 通信。启动车辆时,在钥匙验证有效后,与车辆防盗和报警系统进行防盗认证后,电子转向轴锁进行解锁。

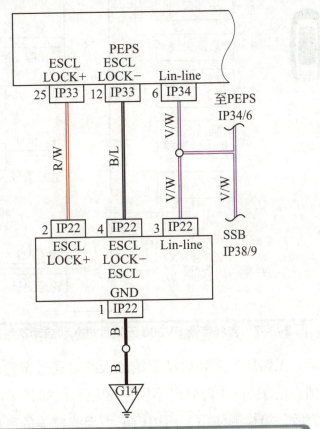

图 2-2-6 吉利帝豪 EV300 转向轴电子锁电路

二、无钥匙进入和启动系统工作原理

无钥匙进入和启动功能可以使驾驶员拉门把手即可进入车辆,并使用一键式启动按钮启动车辆。当驾驶员拉动门把手时,无钥匙进入和启动模块(PEPS)检测周围遥控钥匙的有效性，遥控钥匙发出信号回应车辆，并使车身控制模块解锁所有车门。当驾驶员按下启动开关，无钥匙进入和启动模块（PEPS）检测周围遥控钥匙的有效性。遥控钥匙发出信号回应车辆，以解锁转向柱电子锁（ESPL），无钥匙进入和启动模块（PEPS）通过CAN网络系统与动力系统进行信息认证，若所有信息合法有效，无钥匙进入和启动模块（PEPS）将控制继电器以启动车辆。无线电频率干扰或电池电量用完都可能使该系统失效。吉利帝豪EV300无钥匙进入和启动系统原理，如图2-2-7所示。

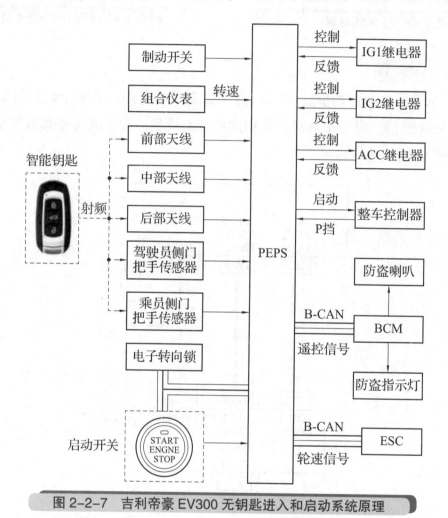

图 2-2-7 吉利帝豪EV300无钥匙进入和启动系统原理

如图2-2-8所示，无钥匙进入和启动系统的天线可通过调整驱动电压的大小来确定覆盖范围（以天线为圆心的圆），并划分出不同的区域。例如，车内的区域作为一键启动使用，后备箱区域作为后备箱检测使用，两边门把手天线覆盖的区域可以用作车辆两边门锁解锁使用。当用户携带合法钥匙，触发相应的功能后（例如，门把手上的按钮、门把手内侧的电容传感器、车内的一键启动按钮、后备箱的开启按钮等触发设备），相应的天线便开始被驱动来搜索其覆盖范围内是否有合法钥匙存在。当智能钥匙收到低频触发命令后，通过射频返回给车辆控制器认证信息，控制器对认证信息进行解码解密，密码正确后执行相应的功能。

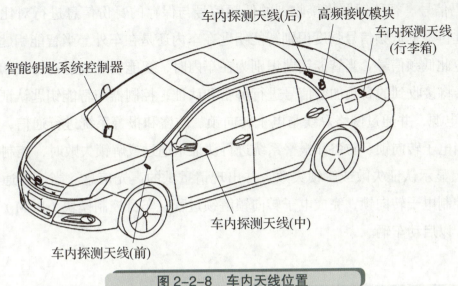

图 2-2-8 车内天线位置

1. PEPS 系统开门原理

图 2-2-9 所示为无钥匙进入和启动系统（PEPS）开门逻辑示意图。驾驶员手握车门把手时，车门把手内传感器检测到此信息后，向控制器提供触发信号，控制器驱动门把手内低频天线发出 125kHz 低频编码信号。智能钥匙将接收到的低频信号与保存的身份信息对比，识别通过后，智能钥匙再根据低频信号强度识别智能钥匙与门把手的距离。当智能钥匙与门把手的距离在 1.5m 范围内时，智能钥匙发射 433.92MHz 高频加密信号。控制器将接收到的高频加密信号进行解密和认证，认证通过后车身控制模块（BCM）进行解锁。车身控制模块（BCM）解锁成功后，驾驶员拉门把手即可打开车门。

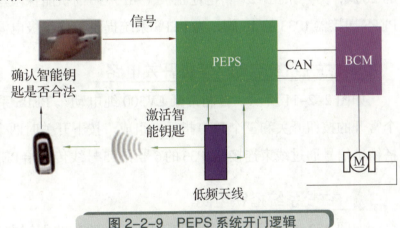

图 2-2-9 PEPS 系统开门逻辑

2. PEPS 系统锁门原理

将车门关闭后，控制器通过室内低频天线发出 125kHz 低频编码信号，查询车内是否存在智能钥匙。当车外没有检测到合法的智能钥匙存在时，控制器不发送锁门控制信号；当车外和车内均检测到有合法智能钥匙时，控制器通过声光报警方式提醒驾驶员，车内有智能钥匙；当车外检测到有合法智能钥匙而车内无合法智能钥匙存在时，控制器通知车身控制模块（BCM）进行车门闭锁操作。车身控制器（BCM）闭锁操作成功后，车门闭锁完成。

3. PEPS 系统车辆起动原理

车辆未启动时，驾驶员按下启动/停止开关，无钥匙启动控制器通过室内低频天线向外发送低频编码信号。智能钥匙将接收到的低频信号与保存的身份信息进行对比，识别通过后，智能钥匙再根据低频信号强度识别智能钥匙在车内还是在车外。当智能钥匙识别为在车外时，不响应此低频信号。当智能钥匙识别为在车内时，智能钥匙发射433.92MHz高频加密信号；控制器将接收到的高频加密信号进行解密和认证，控制器与智能钥匙认证通过后，控制器接通IG电源，并通过网络总线与电子转向锁、防盗和报警系统进行通信，进行认证和解锁操作。当电子转向锁、防盗和报警系统进行认证未通过或解锁失败时，控制器通过CAN总线在仪表上显示认证失败或解锁失败，并出现请重试的声光信息。当认证通过且解锁成功，控制器控制电子转向锁，完成电子转向锁解锁过程。车身控制模块（BCM）将控制电源继电器上电，以启动车辆。

三、吉利帝豪EV300无钥匙进入和启动系统电路分析

1. PEPS系统正极电源电路

如图2-2-10所示，吉利帝豪EV300电动车的无钥匙进入系统正极电源电路有2条：一条由12V蓄电池正极（+B）→室内保险丝继电器盒的熔丝IF21（10A）→PEPS插接器IP33的26脚；另一条由12V蓄电池正极（+B）→前机舱保险丝继电器盒的熔丝EF24（15A）→PEPS插接器IP33的13脚，为PEPS系统提供工作正极电源。

2. PEPS系统启动/停止开关电路

如图2-2-11所示，吉利帝豪EV300纯电动车PEPS系统启动/停止开关总成内部由两个常开的按钮开关和三个LED指示灯组成。按下开关时两个触点开关同时闭合，将启动（即搭铁）信号通过线束连接器IP33的6号和15号线传递给PEPS，表达驾驶员启动车辆的意图。

3. PEPS系统搭铁电路

如图2-2-11所示，吉利帝豪EV300电动车的无钥匙进入和起动模块（PEPS）搭铁电路：12V蓄电池负极→G14搭铁点→PEPS的线束连接器IP33的11号和24号线，为PEPS系统提供工作负极电源。

4. 天线信号电路

如图2-2-11所示，吉利帝豪EV300中部、前部天线分别通过线束连接器IP35的7号、8号、18号、19号线连接到PEPS。

5. 通信电路

如图2-2-11所示，吉利帝豪EV300电动车的PEPS系统通信方式为CAN网，IP34插接

器的 7 号和 8 号为 CAN–L 和 CAN–H 线连接到车辆 B-CAN 网,为无钥匙进入 / 起动控制模块(PEPS)与车辆 B-CAN 网系统和诊断接口之间进行信息通信。

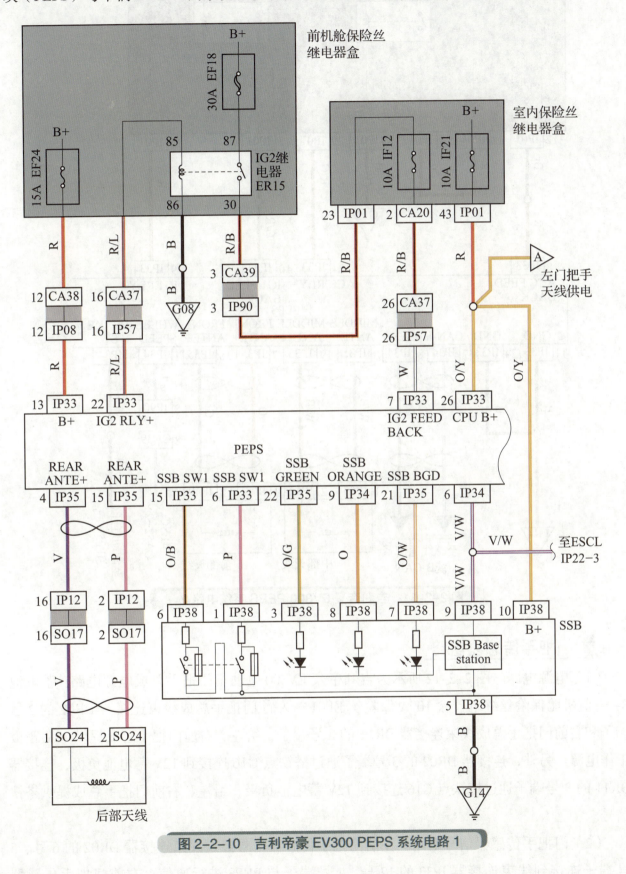

图 2-2-10　吉利帝豪 EV300 PEPS 系统电路 1

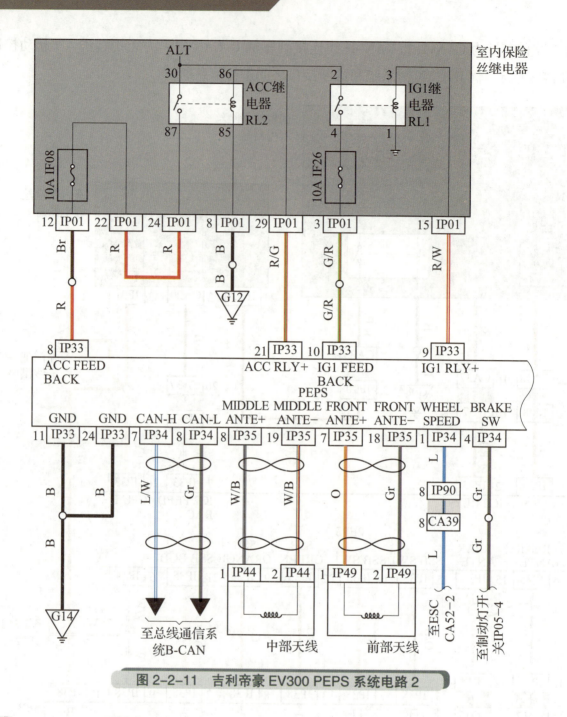

图 2-2-11 吉利帝豪 EV300 PEPS 系统电路 2

6. 门把手传感器电路

（1）电源电路。图 2-2-12 所示为吉利帝豪 EV300 电动车门把手总成电源电路：蓄电池 B+ →前机舱保险丝继电器盒 100A 保险丝 EF01 →左前门把手总成线束连接器 DR02 的 2 号端子和右前门把手总成线束连接器 DR11 的 2 号端子，给左、右前门把手总成提供 12V 正极工作电源。另外，连接器 DR02 的 3 号端子通过搭铁点 G16 连接到 12V 蓄电池负极，连接器 DR11 的 3 号端子通过搭铁点 G16 连接到 12V 蓄电池负极，给左、右前门把手总成提供搭铁信号。

（2）门把手传感器信号电路。左前门把手传感器信号经过线束连接器 DR02 的 6 号、5 号端子连接到线束连接器 IP33 的 12 号、1 号端子与 PEPS 进行通信。右前门把手传感器信号经过线束连接器 DR11 的 6 号、5 号端子连接到线束连接器 IP33 的 13 号、2 号端子与 PEPS 进行通信。

（3）开锁、闭锁电路。PEPS 通过线束连接器 IP33 的 18 号和 15 号线经过门把手总成线束插接器 DR02 和 DR11 的 4 号端子向门把手总成输送开锁信号；PEPS 通过线束连接器 IP34 的 16 号和 IP33 的 14 号线经过门把手总成线束插接器 DR02 和 DR11 的 1 号端子向门把手总成输送闭锁信号。

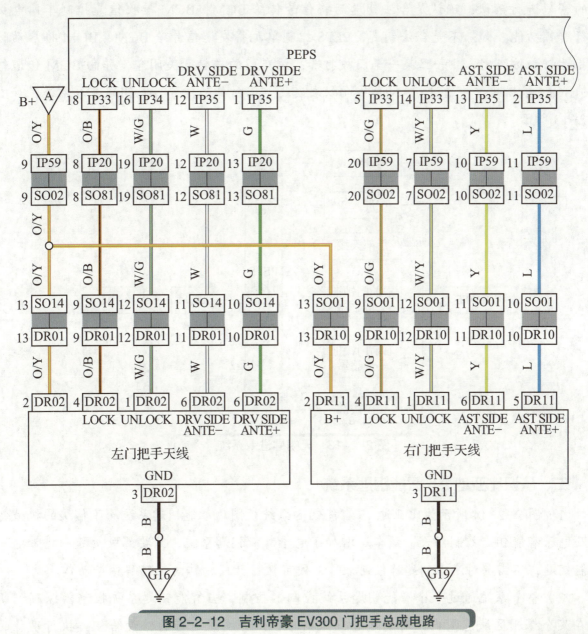

图 2-2-12　吉利帝豪 EV300 门把手总成电路

PEPS 系统故障检修

知识拓展

一、认识无钥匙进入系统解锁控制方式

距离车门1.5m范围内有一把授权的智能钥匙并激活车门把手时，信号发送给PEPS控制单元，PEPS控制单元激活车辆外部天线发送低频信号给智能钥匙，智能钥匙接收到低频信号，被激活后发送带密码的高频信号给PEPS控制单元，PEPS控制单元接收并与自身的密码进行确认，确认是合法钥匙后将信号传给BCM，BCM接收信号控制车门电机进行解锁功能。如果不是合法钥匙，PEPS控制单元将发送信号给BCM，BCM将启动防盗指示灯和防盗喇叭。一旦某一车门被打开，该车门的接触开关闭合，并向BCM传递信号，BCM根据此信号通过CAN总线向仪表发送"门打开"信号。无钥匙进入系统，如图2-2-13所示。

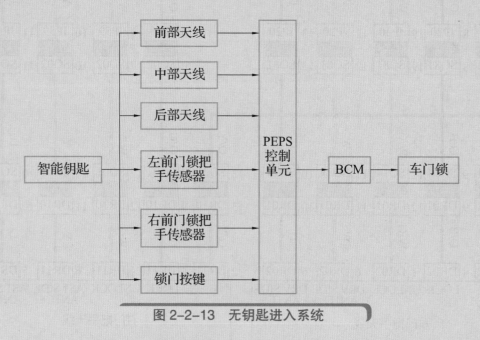

图2-2-13 无钥匙进入系统

二、认识比亚迪e5智能钥匙系统

（1）图2-2-14所示为比亚迪e5智能钥匙系统框图。智能钥匙系统除了传统的机械钥匙及电子智能钥匙控制门锁，该车还增加了电子智能钥匙系统，只要驾驶员随身携带电子智能钥匙，不需要对汽车钥匙作任何操作，便可执行开门、转向轴锁解锁等动作。

（2）整个系统通过一个智能钥匙系统控制器控制，当智能钥匙系统控制器探测到钥匙在某个探测区域范围内，对钥匙进行探测与验证并发送运行的信号给相关执行动作的ECU，完成整个系统工作。

（3）探测系统是由6个探测天线总成（车内3个，车外3个）和1个高频接收模块组成，探测车内有效范围及车外一定的范围。

（4）智能钥匙故障症状，见表2-2-1。

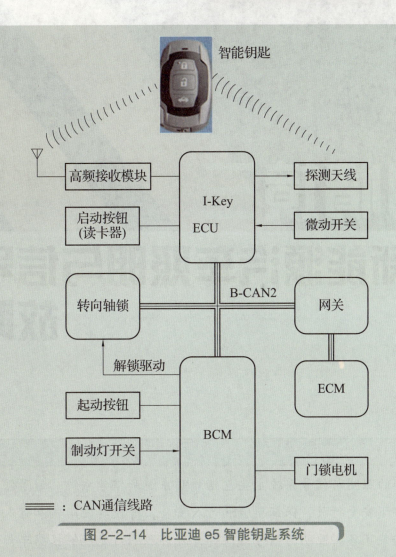

图 2-2-14 比亚迪 e5 智能钥匙系统

表 2-2-1 比亚迪 e5 智能钥匙系统故障症状

症状	可疑部位
电子智能钥匙的所有遥控功能不工作（持有合法钥匙，且在遥控区域）	电子智能钥匙、I-Key ECU、BCM、线束或连接器、高频接收器
遥控功能正常，但操作左前门微动开关无动作（持有合法钥匙，且在探测区域）	左前门把手微动开关、左前门把手探测天线、I-Key ECU、线束或连接器
遥控功能正常，但操作右前门微动开关无动作（持有合法钥匙，且在探测区域）	右前门把手微动开关、右前门把手探测天线、I-Key ECU、线束或连接器
遥控功能正常，但操作车后微动开关无动作（持有合法钥匙，且在探测区域）	车后微动开关、车后探测天线、I-Key ECU、线束或连接器
车内探测天线无法识别钥匙（持有合法钥匙，且在探测区域，遥控功能正常）	车内探测天线（前、中、后）、I-Key ECU、线束或连接器
无电模式下启动不能正常工作	启动按钮、智能钥匙控制器、线束或连接器

学习情境三

新能源汽车照明与信号系统故障检修

情境描述

新能源汽车的照明与信号系统主要包括照明系统和信号系统。为了保证车辆在夜间无光或微光的条件下安全行驶，保证车辆和行人安全，并使其他车辆和行人注意本车的行驶状况，汽车上安装了各种照明与信号灯。部分外部照明灯光能够根据车外光线强弱、车辆转向盘转角、车速和路面状况等有自动开启和变换远近光及光束方向等功能，保证车辆在无光（或微光）及转弯时能看清前方路况而安全行驶。前照灯不亮、转向灯工作异常等故障检修是最常见的新能源汽车检修职业操作任务之一。

情境目标

1. 掌握新能源汽车照明系统和信号系统的组成及工作原理。
2. 能看懂新能源汽车照明系统和信号系统电路图。
3. 能查阅维修手册，小组合作并发扬工匠精神，完成新能源汽车照明系统和信号系统故障的检修任务。
4. 能按照 6S 标准管理施工现场。

任务 1 检修新能源汽车前照灯不工作故障

任务目标

1. 能描述新能源汽车照明系统的组成。
2. 能看懂照明灯系统电路图,熟悉电路工作原理。
3. 掌握新能源汽车前照明系统故障检修的方法。
4. 能查阅维修手册,小组分工合作并发扬工匠精神,完成新能源汽车前照灯不工作故障的检修任务。

任务导入

某4S店售后维修小组接到一张任务工作单:一辆2017款吉利帝豪EV300纯电动车辆,行驶里程65 000km,在夜间行驶过程中突然出现前照灯不工作故障。如果你是维修小组的成员之一,应该如何检修该故障?

知识链接

一、新能源汽车照明系统概述

照明系统为车辆夜间行驶提供照明,车外照明灯具主要有前照灯、倒车灯、牌照灯、雾灯等,车内照明灯具主要有室内灯、门灯、各开关背光灯等。各种灯具装在各自所需照明的位置,并配以各自的控制开关(有的带有控制器、继电器)和线路及保险丝等组成照明系统。目前,大多数车辆将前照灯、前雾灯、前位置灯等组合起来,称为组合前灯;将后位置灯、后转向灯、倒车灯、制动灯等组合起来,称为组合后灯。吉利帝豪EV300外部照明部件位置,如图3-1-1所示。

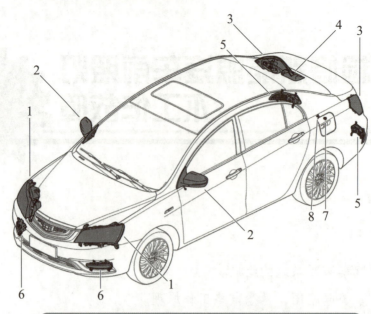

图 3-1-1　吉利帝豪 EV300 外部照明部件位置

1—前组合灯总成；2—侧转向灯总成；3—后组合灯总成；4—高位制动灯总成；
5—后雾灯总成；6—昼间行车灯总成；7—充电指示灯；8—充电口照明灯

1. 灯光组合开关

现代轿车的灯光开关多种多样，灯光开关主要有拉杆式、旋转式和组合式等几种。车辆上使用最多的是一体式的组合开关。

（1）一体式的组合灯光开关。如图 3-1-2 所示，安装在车辆转向盘下方，操作更方便。它可以控制除危险警告灯、制动灯、室内照明灯外的所有灯光电路，如前照灯、示宽灯、雾灯、转向灯等。转向灯开关在回打转向盘时，可以自动回位，但如果转动角度不够则不会自动回位。将前照灯开关转至第二个位置时，将启亮位置灯、牌照灯和仪表板照明灯。将前照灯开关转至第三个位置时，除了启亮所有上述灯外，还要启亮前照灯。在开关转至关闭位置时，关闭所有灯。前照灯的远光和近光也由该操纵杆控制。当前照灯接通时，将操纵杆向前推离驾驶员直到听到"咔嗒"声，即从近光变为远光。在前照灯远光接通时，组合仪表总成上的远光指示灯点亮。将操纵杆朝驾驶员方向拉回，则从远光变为近光。如果继续朝驾驶员方向拉仍可以从近光变为远光，不过当手松开时，操纵杆会自动回到近光位置。前照灯必须对光才能实现正确的路面照明。

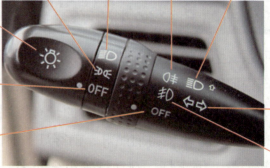

图 3-1-2　一体式灯光组合开关操作杆

（2）旋转式灯光开关。旋转式灯光开关将大灯开关与变光开关分开设计，如图3-1-3所示。它可以控制前照灯、行车灯（示宽灯）、雾灯。从开关灯光关闭"0"位开始，顺时转动开关行至行车灯（示宽灯）或近光灯，会点亮相应的灯光。

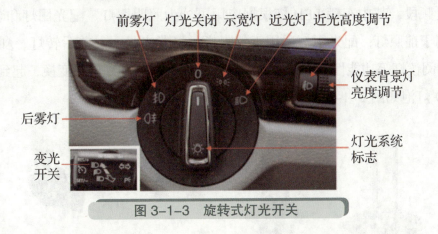

图3-1-3 旋转式灯光开关

2. 新能源汽车常用灯泡

现代新能源汽车由于灯具设计的不同，所使用的灯泡也不尽相同，灯泡的种类繁多，常见的有白炽灯、卤钨灯、LED灯和氙气灯4种。

（1）白炽灯。白炽灯（见图3-1-4）是从玻璃灯泡中抽出空气，再充以氩和氮的混合惰性气体制成的，这可以减少钨的蒸发，延长灯泡的使用寿命。但是灯丝的钨质点仍然要蒸发，使灯丝损耗而蒸发出来的钨沉积在灯泡上，使灯泡发黑。白炽灯主要用于信号灯系统，如制动灯、转向灯、行车灯等。

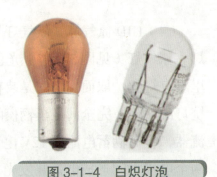

图3-1-4 白炽灯泡

（2）卤素灯泡。卤素灯泡是在充入灯泡的气体中掺入某一卤族元素，如氟、氯、溴、碘等。卤素灯泡的工作温度和气压都较普通白炽灯泡高得多，因此利用卤钨的再循环原理，使得蒸发出去的钨，在靠近灯丝附近的高温区时，又分解重新黏附在灯丝上，有效地限制了钨的蒸发。在相同功率情况下，卤素灯的亮度是白炽灯的1.5倍，而寿命是白炽灯的2~3倍。卤素灯用于前照灯，如前照近光、前照远光、雾灯等。如图3-1-5所示，卤素灯泡从外形上可分为H1、H2、H3、H4、H7、9005及9006等，其中H1、H4、H7、9005及9006在前照灯上应用广泛，H1和H7为前照灯的单丝灯泡，H4为前照灯远、近光双丝灯泡。由于石英卤素灯泡比普通灯泡使用更容易发热，如果有润化油油脂粘其表面，灯泡寿命会缩短。另外，人体汗液内所含的盐会污染石英，因此，更换

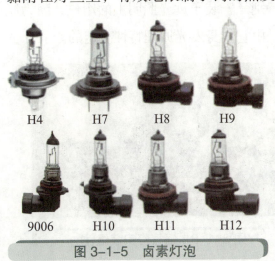

图3-1-5 卤素灯泡

灯泡时要握住其凸缘，避免手指接触石英。

（3）LED灯。LED灯（又称发光二极管）是一种能够将电能转化为可见光的半导体，采用电场发光。LED灯的特点是寿命长、光效高、无辐射和低功耗。LED灯的光谱几乎全部集中于可见光频段，其中车辆LED灯根据应用可分为照明用灯、配光用灯和装饰用灯3种，照明用灯适用于前照灯；配光用灯适用于仪表指示灯背光显示、前后转灯、刹车指示灯、倒车灯、雾灯、阅读灯等功能性方面；装饰用灯主要用于车辆灯光色彩变换，起到车内外美化作用。车辆LED灯泡如图3-1-6所示。

图3-1-6 车辆LED灯泡

（4）HID氙气灯。氙气灯是指内部充满包括氙气在内的惰性气体混合体的高压气体放电灯。氙气灯（见图3-1-7）光色和日光灯非常相似，可以有效减轻驾驶人的视觉疲劳。灯泡里没有灯丝，取而代之的是装在石英管内的两个电极，管内充有氙气及微量金属，克服了传统灯的缺陷，完全满足车辆夜间高速行驶的需要。氙气灯的发光原理是通过启动器和电子镇流器，将车辆蓄电池的12V电压产生一个瞬间23 000V以上高压击穿氙气，从而导致氙气在两个电极之间形成电弧并发光。点亮后再维持85V的交流电压，启动电流8A左右，工作电流4A左右。氙气灯的亮度是目前卤素灯泡亮度的3倍左右，功率一般是35W和55W。由于氙气灯亮度过高，用于远光会造成对方炫目，所以国家规定只能用于近光。

HID氙气灯一般由氙气灯泡、电子镇流器（也叫作安定器、稳压器）和线组控制盒等组成（见图3-1-8）。使用氙气大灯时不要频繁开关大灯，特别是安装于远光照明上的用户，因为氙气灯从点亮到稳定工作需要一定的时间（5~10s），这是由它本身发光原理特性决定的。

图3-1-7 氙气灯实物

图3-1-8 氙气灯安装组件

二、新能源汽车前照灯电路及工作原理

1. 新能源汽车前照灯电路组成

前照灯电路通常由 12V 电源、灯光组合开关、近光灯、远光灯、保险丝、继电器、灯光控制模块、电路配线及插接器等组成。

2. 新能源汽车前照灯控制方式

新能源汽车前照灯的控制有两种方式：一种是灯光组合开关控制继电器，继电器再控制对应灯泡的供电，使之通电发光。控制原理如图 3-1-9 所示。另一种是灯光组合开关和阳光传感器等为信号输入元件，它们不直接控制车灯或继电器，只负责向控制单元输送信号，控制单元对收到的信号进行运算处理，然后根据信号处理的结果来驱动相应的灯光输出电路，向对应的灯泡提供正极电源，使之通电发光。控制原理如图 3-1-10 所示。

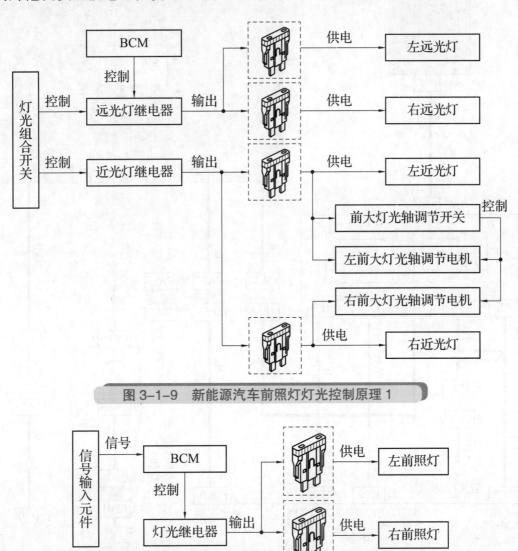

图 3-1-9　新能源汽车前照灯灯光控制原理 1

图 3-1-10　新能源汽车前照灯灯光控制原理 2

3. 新能源汽车前照灯电路及工作过程

如图3-1-11、图3-1-12所示，为吉利帝豪EV300纯电动车前照灯电路图。

（1）当灯光组合开关打到"近光灯"挡时，灯光组合开关线束连接器IP26的16号与13号端子接通，其近光继电器控制回路：12V蓄电池B+→保险丝IF22/10A（室内保险丝继电器盒）→灯光组合开关线束连接器IP26的16号端子→IP26的13号端子→近光灯继电器的85端子→近光灯继电器的86端子→搭铁点G06→12V蓄电池负极。近光灯继电器线圈得电吸合，接通近光灯工作电源，点亮近光灯。同时，近光灯12V工作电压通过线束连接到前照灯光轴调节开关和左、右前照灯光轴调节电机，此时上下拨动调节开关能改变调节电机的信号电压，从而实现前照灯的高度调节功能（注意：太频繁地拨动此按钮有可能造成调节电机不动作或损坏）。

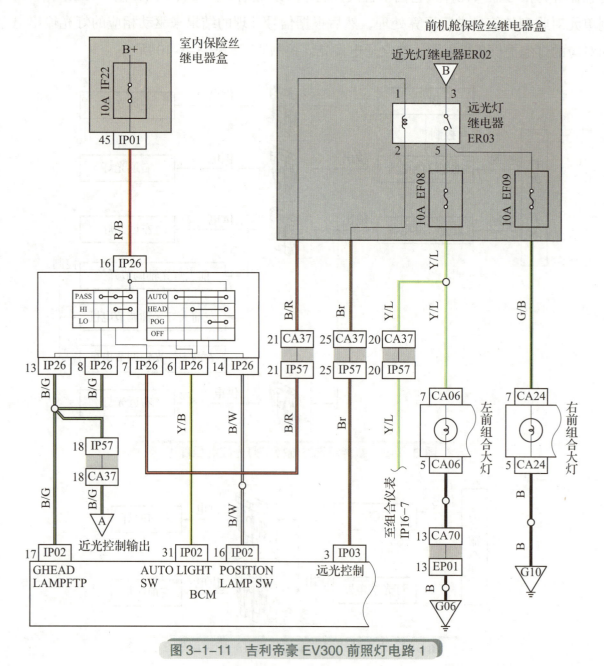

图3-1-11　吉利帝豪EV300前照灯电路1

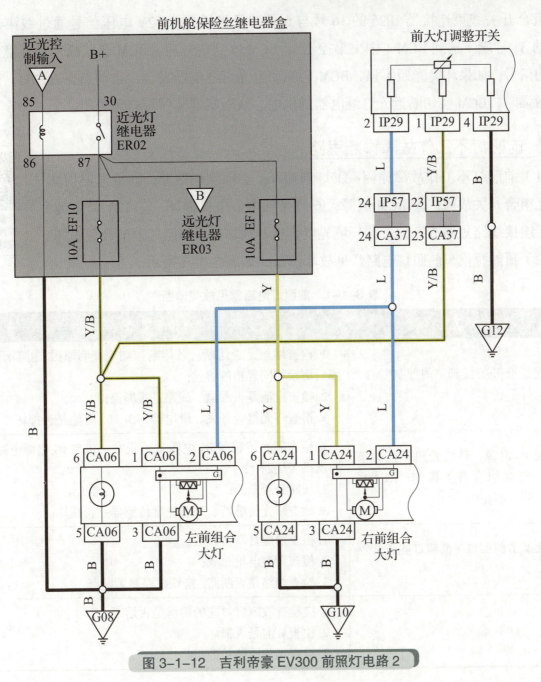

图 3-1-12 吉利帝豪 EV300 前照灯电路 2

（2）当灯光组合开关打到"远光灯"挡时，灯光组合开关线束连接器 IP26 的 16 号与 7 号端子接通，其远光继电器控制回路：12V 蓄电池 B+→保险丝 IF22/10A（室内保险丝继电器盒）→灯光组合开关线束连接器 IP26 的 16 号端子→IP26 的 7 号端子→远光灯继电器的 85 端子→远光灯继电器的 86 端子→BCM 线束连接器 IP03 的 3 号端子（由 BCM 控制搭铁）→12V 蓄电池负极。远光灯继电器线圈得电吸合，此时在近光灯继电器正常工作的条件下，点亮远光灯。同时，远光灯继电器的 87 端将 12V 电压信号，经过 10A 保险丝 EF08（前机舱保险丝继电器盒）通过 IP16 线束连接器的 7 号线送到组合仪表，点亮组合仪表远光信号指示灯。

（3）当组合开关拨到"AUTO"（自动灯）挡时，启动开关使车辆电源模式为 ON 状态，灯光组合开关线束连接器 IP26 的 16 号与 6 号端子接通，将 12V 电压信号通过线束连接器 IP02 的 31 号端子送到 BCM（中央集控器），BCM 收到信号后，BCM 会监测来自环境光线传感器的信号；如果环境光照不强，BCM 会驱动近光灯继电器吸合，自动点亮近光灯；当环境光照增强时，BCM 会切断近光灯继电器的供电，从而实现前照灯自动关闭。

4. 前照灯不工作故障诊断思路

新能源汽车前照灯电路故障检修

（1）前照灯不工作故障原因：①灯泡损坏；②保险丝熔断；③继电器损坏；④灯光组合开关故障；⑤BCM故障；⑥灯光轴调节电机损坏；⑦12V蓄电池亏电；⑧连接线路短路或断路；⑨环境光度传感器损坏；⑩前照灯调节开关损坏。

（2）新能源汽车前照灯电路常见故障诊断，如表 3-1-1 所示。

表 3-1-1 前照灯电路常见故障诊断

故障现象	诊断思路
灯光组合开关拨到"前照灯"挡，所有大灯不亮	1. 检查熔丝是否熔断。若熔断，则应查明原因、排除短路故障后更换相同规格的熔丝； 2. 检查电池是否亏电、线路是否断路； 3. 检查灯光组合开关、继电器、BCM、灯泡是否损坏
接通 IG 电源，环境光照不强的条件下，灯光组合开关拨到"AUTO"挡，前照灯不亮	1. 检查阳光传感器 IG 电源是否正常（包含 IG 电源电路上的熔丝是否烧断）； 2. 线路是否断路； 3. 检查阳光传感器、环境光度传感器是否损坏
无法调节前照灯（前照灯能正常发亮）	1. 检查前照灯调整开关； 2. 检查调整电机总成； 3. 检查线路是否断路、搭铁线路是否断路
单个大灯不亮	1. 应检查故障灯对应的熔丝是否熔断； 2. 检查灯泡是否损坏； 3. 检查相关线路是否断路

📝 知识拓展

认识比亚迪 e5 组合开关原理图

如图 3-1-13 所示，比亚迪 e5 组合开关总成由变光信号开关、转向信号开关、雾灯信号开关、刮水信号开关、洗涤信号开关、CPU 和 CAN 信号及 I/O 接口等组成。组合开关内部的各种开关触点向 CPU 输送开关信号，经 CPU 处理后通过 CAN 网向对应驱动模块输送驱动信号，点亮对应的灯光。

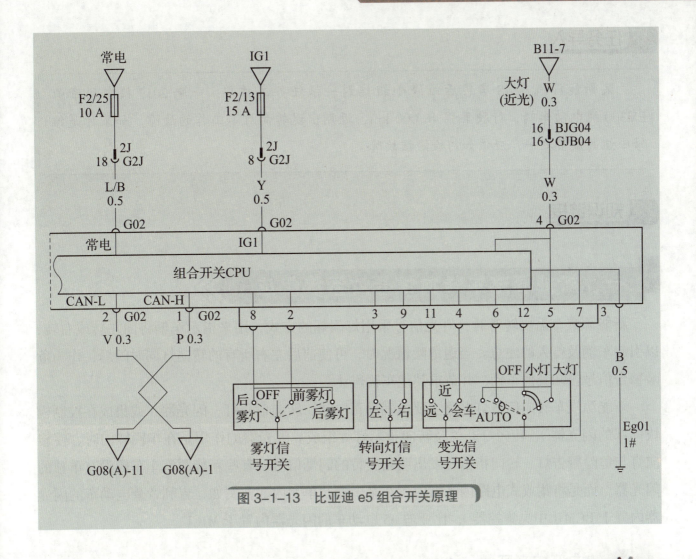

图 3-1-13　比亚迪 e5 组合开关原理

任务 2　检修新能源汽车转向灯不工作故障

任务目标

1. 熟悉新能源汽车转向灯系统的组成。

2. 能看懂转向灯系统的控制电路图，熟悉转向灯系统的工作原理。

3. 掌握新能源汽车转向灯系统常见故障检修的方法。

4. 能查阅维修手册，小组合作并发扬工匠精神，完成新能源车转向灯不工作故障的检修任务。

任务导入

某新能源汽车4S店售后维修小组接到一张任务工作单：一辆2017款吉利帝豪EV300纯电动车辆，行驶里程46 000 km，近期出现转向灯不工作的故障。如果你是维修小组的成员之一，应该如何检修该故障？

知识链接

一、新能源汽车转向信号灯系统组成

新能源汽车需要转弯时，灯光信号采用灯闪烁的方式，用来指示车辆将向左转或右转，以引起车辆及行人的注意。当遇危险情况时，可使前后左右所有的转向灯同时闪烁，作为危险警告信号告知其他车辆，并请求其他车辆避让。

新能源汽车转向信号灯电路主要由辅助蓄电池、转向信号灯、闪光器（或集成在控制模块内部的闪光器）、转向灯开关及转向指示灯等组成。闪光器的作用是在车辆转向时、使转向灯与危险警告灯、转向指示灯发出明暗交替的闪烁信号。有些新能源汽车车辆没有单独的闪光器，而是将集成式电路闪光器内置在某个控制单元内部，例如，吉利帝豪电动车的闪光器内置于BCM（中央集控器），比亚迪e5电动车的闪光器内置于MICU。

1. 转向灯控制开关

如图3-2-1所示为吉利帝豪EV300电动车灯光组合开关实物及转向灯开关表。转向灯开关是灯光组合开关的一部分，转向灯开关由3个挡位（OFF挡、左转向挡和右转向挡）、3根信号线和2对触点开关组成。将开关操作手柄（在方向盘所在的平面）向上拨动，接通右转向灯开关即将线束插座IP33的12号和13号端子经内部触点开关接通；将开关操作手柄（在方向盘所在的平面）向下拨动，接通左转向灯开关，即将线束插座IP33的11号和12号端子经内部触点开关接通；当转向灯开关拨到中间位置（OFF挡）时，转向灯开关断开，组合开关线束插座IP33的11号、12号和13号线互不接通。

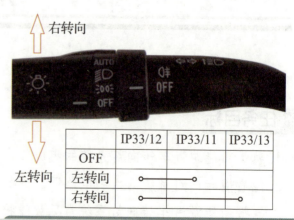

图3-2-1 灯光组合开关实物及转向灯开关表

2. 转向信号灯

转向信号灯灯泡常见的有 LED 和白炽灯，如图 3-2-2 所示。转向信号灯泡的功率一般为 20~25W，转向信号灯闪光的频率应控制在 50~110 次/min，一般为 60~95 次/min。

3. 闪光器

闪光器是用来控制转向信号灯的闪烁，目前得到广泛应用的闪光器有电容式、翼片式和电子式 3 种。电容式闪光器闪光频率稳定，工作可靠。翼片式闪光器结构简单，体积小，闪光频率稳定，监控作用明显，工作时伴有响声。电子式闪光器具有性能稳定、可靠性高等优点。有些新能源汽车将闪光器与电子控制模块集成为一体，其外形如图 3-2-3 所示。

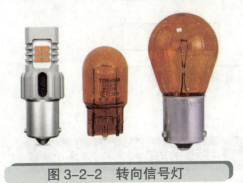

图 3-2-2 转向信号灯

图 3-2-3 内置闪光器的控制器

二、转向灯系统控制原理

新能源汽车转向信号灯和危险报警信号灯控制原理常见的有两种。

1. 转向信号灯系统控制原理

转向信号灯系统控制原理如图 3-2-4 所示。

（1）转向信号灯控制回路：12V 蓄电池正极→点火开关（提供工作电源）→闪光器（提供间断 12V 电）→转向灯开关（接通左转向灯或右转向灯）→左转向灯或右转向灯→蓄电池负极。

（2）危险报警信号灯控制回路：12V 蓄电池正极→危险报警信号开关（接通 12V 工作电源）→闪光器→危险报警信号开关（同时接通左右两边的转向灯）→左转向灯和右转向灯→蓄电池负极。

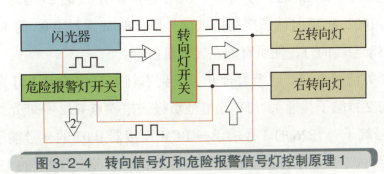

图 3-2-4 转向信号灯和危险报警信号灯控制原理 1

2. 转向信号灯系统控制原理2

如图3-2-5所示，转向灯开关和危险报警信号灯开关向电子控制模块输送开关信号。当电子控制模块接收到左转向开关信号时，电子控制模块驱动电路向所有左转向灯提供间断的12V电，使左转向灯开始闪烁；当电子控制模块接收到右转向开关信号时，电子控制模块驱动电路向所有右转向灯提供间断的12V电，使右转向灯开始闪烁；当电子控制模块接收到危险报警灯开关信号时，电子控制模块驱动电路同时向所有左转向灯和右转向灯提供间断的12V电，使左右两边的转向灯开始闪烁。

图3-2-5 转向信号灯和危险报警信号灯控制原理2

三、吉利帝豪EV300纯电动车转向信号灯和危险报警信号灯电路分析

1. 电源电路

如图3-2-6所示，吉利帝豪EV300转向信号灯和危险报警信号灯的电源电路有3条。

（1）12V蓄电池正极B+→保险丝IF19（5A）→BCM连接器IP03的6号端子；

（2）12V蓄电池正极B+→保险丝IF17（10A）→BCM连接器IP03的14号端子；

（3）IG1源→保险丝IF26（10A）→BCM连接器IP02的33号端子，为BCM提供IG工作电源。

2. 转向灯开关信号电路

如图3-2-7所示，转向灯开关信号电路有2条。

（1）左转向灯开关信号电路：灯光组合开关拨到左转向灯位置时（灯光组合开关连接器IP26的1号端子与2号端子接通），12V蓄电池负极→搭铁点G12→灯光组合（转向）开关连接器IP26的2号端子→IP26的1号端子→BCM连接器IP02的27号端子。BCM（中央集控器）通过连接器IP02的27号端子接通搭铁信号后，BCM通过IP03的13号线输出通断交替的12V电压来驱动左转向灯，使所有的左转向灯闪烁。

（2）右转向开关信号电路：灯光组合开关拨到右转向灯位置时（灯光组合开关连接器IP26的3号端子与2号端子接通），12V蓄电池负极→搭铁点G12→灯光组合（转向）开关连接器IP26的2号端子→IP26的3号端子→BCM连接器IP02的9号端子。BCM（中央集控器）通过连接器IP02的9号端子接通搭铁信号后，BCM通过IP03的13号线输出通断交替的 12V 电压来驱动右转向灯，使所有的右转向灯闪烁。

3. 转向灯工作电路

（1）左转向灯工作电路：如图 3-2-6 所示，左转向灯工作时，BCM（中央集控器）连接器 IP03 的 4 号端子输出通断交替的 12V 工作电压→左前组合大灯（转向灯）CA06-8、左后组合灯（转向灯）SO35-2、驾驶员侧外后视镜（转向灯）DR08-F →分别连到搭铁点 G06、G15、G16 → 12V 电池负极。此时左前组合大灯（转向灯）、左后组合灯（转向灯）和驾驶员侧外后视镜（转向灯）均闪烁。

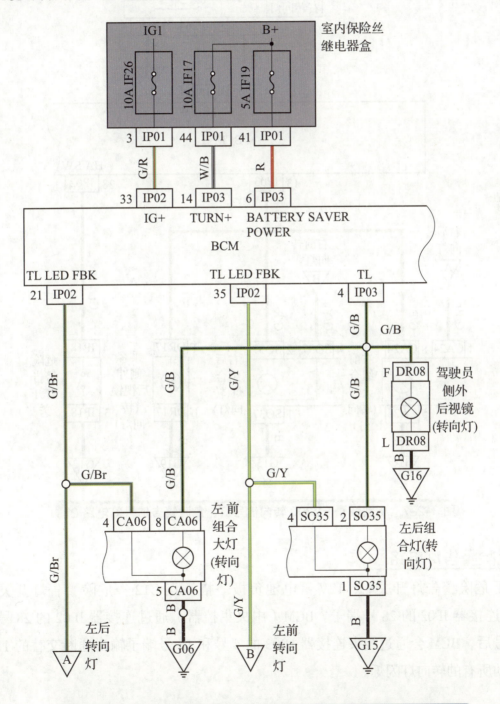

图 3-2-6　吉利帝豪 EV300 转向信号灯、危险警告信号灯电路 1

（2）右转向灯工作电路：如图 3-2-7 所示，右转向灯工作时，BCM（中央集控器）连接器 IP03 的 13 号端子输出通断交替的 12V 工作电压→右前组合大灯（转向灯）CA24-8、右后组合灯（转向灯）SO37-2、乘客侧外后视镜（转向灯）DR17-F →分别连到搭铁点 G10、G15、G19 → 12V 电池负极。此时右前组合大灯（转向灯）、右后组合灯（转向灯）和乘客侧外后视镜（转向灯）均闪烁。

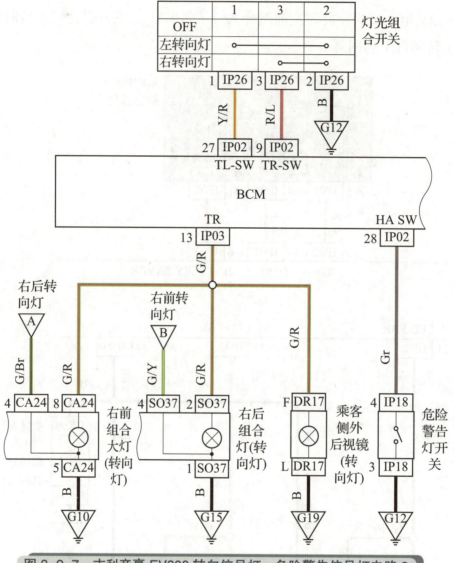

图 3-2-7　吉利帝豪 EV300 转向信号灯、危险警告信号灯电路 2

4. 危险警告灯电路

当按下危险警告灯开关时，12V 蓄电池负极→搭铁点 G12 →危险警告灯开关触点闭合→ BCM 连接器 IP02 的 28 号端子。BCM（中央集控器）通过连接器 IP02 的 28 号端子接通搭铁信号后，BCM 会通过线束连接器 IP03 的 4 号和 13 号端子输出通断交替的 12V 工作电压，驱动所有的转向灯闪烁。

5. 转向信号灯工作反馈电路

（1）BCM（中央集控器）连接器 IP02 的 21 号端子→左前组合大灯（转向灯）连接器 CA06-4 和右后组合灯 B（转向灯）连接器 CA24 的 4 号端子。

（2）BCM（中央集控器）连接器 IP02 的 35 号端子→左后组合大灯（转向灯）连接器 SO35 的 4 号端子和右后组合灯 B（转向灯）连接器 SO37 的 4 号端子。

四、转向信号灯电路常见故障检修

新能源汽车转向信号灯常见的故障现象及排除方法，如表 3-2-1 所示。

转向灯系统故障检修

表 3-2-1 转向信号灯常见故障现象及排除方法

故障现象	故障原因	排除方法
转向信号灯均不亮	保险丝断路 连接线路故障 灯光组合开关故障 BCM（闪光器）故障	更换保险丝 修复线路 更换灯光组合开关 更换 BCM（闪光器）
左转向灯不亮，右转向灯正常	左转向连接线路故障 左转向灯损坏 灯光组合开关故障 BCM（闪光器）故障	修复线路 更换灯泡 更换灯光组合开关 更换 BCM（闪光器）
右转向灯不亮，左转向灯正常	右转向连接线路故障 右转向灯损坏 灯光组合开关故障 BCM（闪光器）故障	修复线路 更换灯泡 更换灯光组合开关 更换 BCM（闪光器）
左转向灯正常，右转向灯闪光频率变快	个别右转向灯灯泡损坏 右转向灯工作信号采集线断路	更换灯泡 修复线路
右转向灯正常，左转向灯闪光频率变快	个别左转向灯灯泡损坏 左转向灯工作信号采集线断路	更换灯泡 修复线路
单个转向灯不亮	灯泡损坏 线路故障	更换灯泡 修复线路

五、新能源汽车转向灯不工作故障检修流程图

吉利帝豪 EV300 转向灯不工作故障诊断流程，如图 3-2-8 所示。

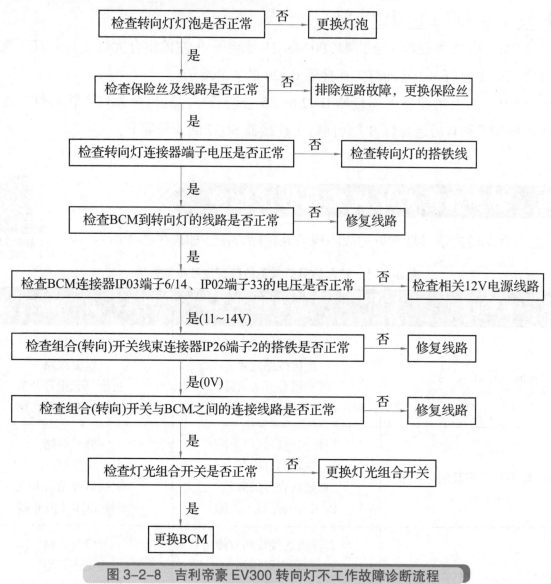

图 3-2-8 吉利帝豪 EV300 转向灯不工作故障诊断流程

知识拓展

一、认识吉利帝豪 EV450 纯电动车转向信号灯和危险报警信号灯电路

1. 电源电路

如图 3-2-9 和图 3-2-10 所示，吉利帝豪 EV450 转向信号灯和危险报警信号灯的电源电路：12V 蓄电池正极 B+→保险丝 IF01（30A）→BCM 连接器 IP22a 的 3 号端子。

2. 左转向灯电路

（1）左转向灯开关信号采集电路：灯光组合开关拨到左转向灯位置时（灯光组合开关连接器 IP38 的 11 号端子与 12 号端子接通），12V 蓄电池负极→搭铁点 G28→灯光组合（转向）开关连接器 IP38 的 12 号端子→IP38 的 11 号端子→BCM 连接器 IP20a 的 33 号端子。BCM（中央集控器）通过连接器 IP20a 的 33 号端子接通搭铁信号后，BCM

经过IP21a线束连接器24号线输出通断交替的12V电压，驱动左转向灯，使所有的左转向灯闪烁。

（2）左转向灯工作电路：BCM（中央集控器）连接器IP21a的24号端子（输出通断交替的12V电压）→ 左前组合灯（转向灯）、左后组合灯A（转向灯）、左后组合灯B（转向灯）、驾驶员侧外后视镜（转向灯）→分别到搭铁点G08、G39、G39、G36→ 12V电池负极。此时左前组合灯（转向灯）、左后组合灯A（转向灯）、左后组合灯B（转向灯）和驾驶员侧外后视镜（转向灯）均闪烁。

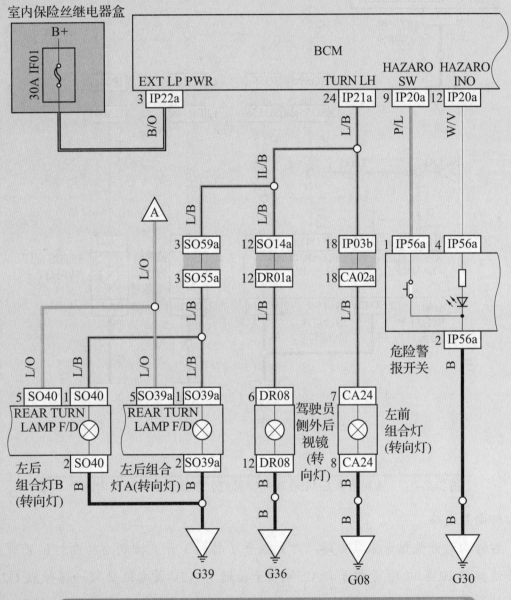

图3-2-9 吉利帝豪EV450转向信号灯、危险警告信号灯电路1

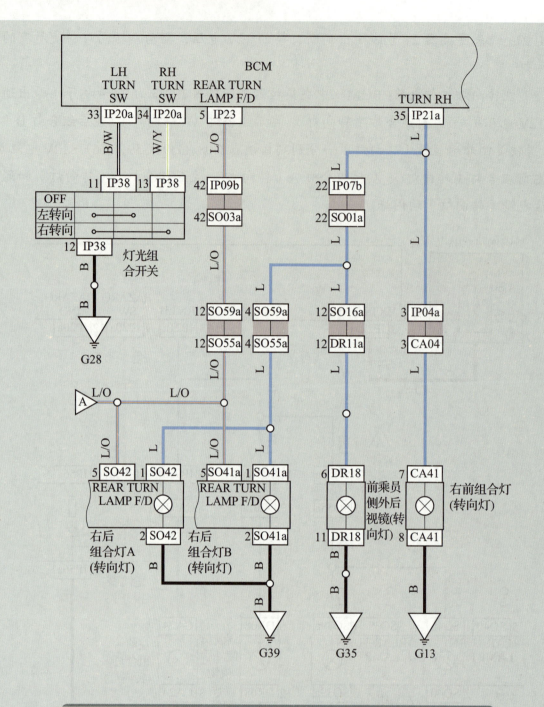

图 3-2-10 吉利帝豪 EV450 转向信号灯、危险警告信号灯电路 2

3. 右转向灯电路

（1）右转向灯开关信号采集电路：灯光组合（转向）开关拨到右转向灯位置时（灯光组合开关连接器 IP38 的 13 号端子与 12 号端子接通），12V 蓄电池负极→搭铁点 G28→灯光组合（转向）开关连接器 IP38 的 12 号端子→IP38 的 13 号端子→BCM 连接器 IP20a 的 34 号端子。BCM（中央集控器）通过连接器 IP20a 的 34 号端子接通搭铁信号后，BCM 经过 IP21a 线束连接器 35 号线输出通断交替的 12V 电压，驱动右转向灯，使所有的右转向灯闪烁。

（2）右转向灯工作电路：BCM（中央集控器）连接器 IP21a 的 35 号端子（输出通断交替的 12V 电压）→ 右前组合灯（转向灯）、前乘员侧外后视镜（转向灯）、右后组合灯 B（转向灯）、右后组合灯 A（转向灯）→ 分别连接到搭铁点 G13、G35、G39、G39 → 12V 电池负极。此时右前组合灯（转向灯）、右后组合灯 B（转向灯）、右后组合灯 A（转向灯）和前乘员侧外后视镜（转向灯）均闪烁。

4. 危险警告灯工作电路

当按下危险警告灯开关时，12V 蓄电池负极→搭铁点 G30→危险警告灯开关闭合→BCM 连接器 IP20a 的 9 号端子。BCM（中央集控器）连接器 IP20a 的 9 号端子接通搭铁信号后，BCM 会通过线束连接器 IP21a 的 24 号和 35 号端子输出通断交替的 12V 电压来驱动所有的转向灯闪烁。

二、认识比亚迪 e5 纯电动车左转向灯电路

比亚迪 e5 纯电动车左转向灯电路，如图 3-2-11 所示。

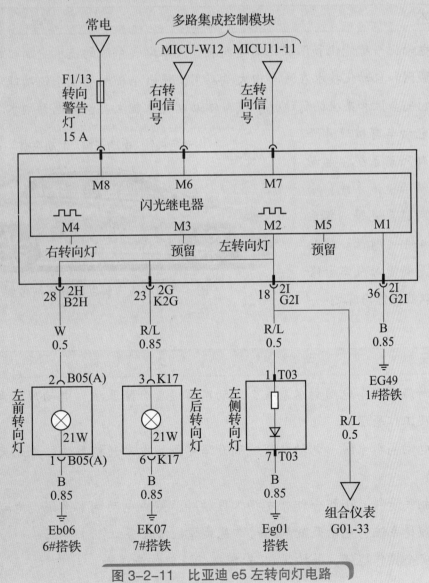

图 3-2-11　比亚迪 e5 左转向灯电路

学习情境四
新能源汽车辅助电气系统故障检修

情境描述

汽车正向电动化、智能化和网联化高速发展，汽车电气系统的技术更新较快、性能不断升级。汽车局域网和自动化技术在汽车中大量应用，使汽车辅助电气系统功能不断完善，从而提高了汽车的安全性和乘坐的舒适性。汽车辅助电气系统主要包括电动刮水系统、风窗玻璃洗涤系统、电动车窗玻璃升降系统、电动冷却风扇系统、电动座椅系统、电动后视镜系统、除霜系统、中控门锁系统等。各系统位置，如图 4-1-1 所示。辅助系统故障检修是新能源汽车检修任务中常见的职业操作内容之一。

图 4-1-1 汽车辅助电器系统位置

情境目标

1. 能描述新能源汽车电动刮水系统、电动车窗玻璃升降系统、电动座椅系统、电动天窗系统的组成及工作原理。

2. 能看懂电动刮水系统、电动车窗玻璃升降系统、电动座椅系统、电动天窗系统等电路图。

3. 能查阅相关资料，小组合作并发扬工匠精神，完成电动刮水系统、电动车窗玻璃升降系统、电动座椅系统、电动天窗系统的常见故障检修任务。

4. 能遵守安全操作规范，并按照 6S 管理规范清理作业现场。

学习情境四 新能源汽车辅助电气系统故障检修

任务 1 检修新能源汽车刮水器不工作故障

任务目标

1. 能描述电动刮水系统的组成和工作原理。
2. 能读懂电动刮水系统电路图。
3. 能查阅维修手册,能根据现象分析故障原因、写出故障诊断流程图。
4. 能小组合作并发扬工匠精神,完成电动刮水器不工作故障检修任务。

任务导入

某吉利 4S 店维修小组接到一张任务工单:一辆 2017 款吉利帝豪 EV300 纯电动汽车,行驶里程 60 500km,近期出现刮水器不工作的现象。作为新能源汽车维修技师的你,应如何检修该故障?

知识链接

一、电动刮水系统的组成

电动刮水系统由刮水电机、减速机构、自动复位器,刮水器开关、联动机构,刮水片及风窗清洗装置等组成。电动刮水器组成,如图 4-1-2 所示。刮水器的作用是清扫风窗玻璃上的雨水、雪或尘土,以确保驾驶员有良好的视线。一般汽车的前风窗上装有两个刮水片,有些汽车后窗也装有一个刮水片,有些高级轿车的前照灯上也装有刮水片。

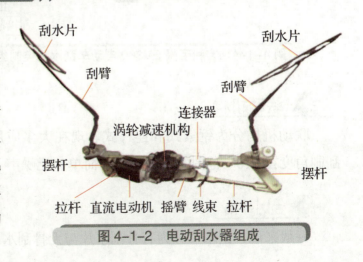

图 4-1-2 电动刮水器组成

1. 刮水电机

目前常用的刮水器采用的是永磁式刮水电机。永磁式刮水电机由永久磁铁、电枢转子、三个电刷、蜗杆、塑料涡轮和复位装置（包括电铜环、触点臂与触点）等组成，如图 4-1-3 所示。

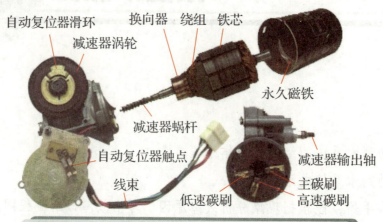

图 4-1-3 永磁式电动风窗玻璃刮水器主体解体图

2. 刮水系统组合开关

如图 4-1-4 所示为吉利帝豪 EV300 电动车刮水器控制组合开关手柄实物图及内部触点开关表。刮水系统组合开关通常安置在方向盘右下方，包括刮水器开关和风窗洗涤器开关。刮水器开关一般有四个挡："OFF"挡为关闭挡，刮水器不工作；"INT"挡为间歇挡，刮水器低速间歇工作（每4~5s一次，可以调节间歇工作时间）；"LO"挡为低速挡，刮水器低速连续工作；"HI"挡为高速挡，刮水器高速连续工作。"洗涤"挡为向挡风玻璃喷水挡，向上拉起手柄（或手柄末端有洗涤电机按钮开关），接通风窗玻璃洗涤泵电路向挡风玻璃喷水。

图 4-1-4 吉利帝豪 EV300 电动车刮水器控制组合开关手柄实物及其内部触点开关表

3. 联动机构

联动机构分为钢索式和连杆式。现在大多应用连杆机构，连杆机构效率为80%~90%，刮刷角度在110°范围内，而且结构简单、无噪声、耐用、成本低、应用广泛。

4. 刮水片

一般来说，刮水片分为有骨刮水片与无骨刮水片，如图 4-1-5 所示。

（1）有骨刮水片：刮片部分由支架与橡胶刮片组成，支架则分为主支架与副支架。主支架根据空气流体力学设计，作用是防止风力浮举效应；而副支架为多支点及不锈钢衬条，其目的是使刮水器与风窗玻璃间的压力分布均匀。

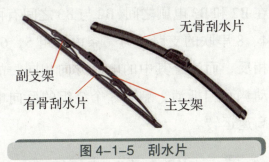

图 4-1-5　刮水片

（2）无骨刮水片：主体为一根橡胶刮片，与有骨刮水片相比，它没有支架部分。无骨刮水片的优点：刮水片与车窗表面弧度一致，确保最佳刮拭效果；压力分布均匀；外观更加优美；便于拆装与更换。

二、电动刮水器的工作原理

1. 刮水器电机变速原理

刮水器电机按其磁场结构不同分为绕线式和永磁式两种。目前永磁式刮水电机应用较为广泛，下面以永磁式刮水电机为例讲解变速原理。

永磁式刮水电机是通过改变电刷间的线圈绕组的数目来进行变速的。如图 4-1-6 所示，它采用三电刷式结构，B1 为低速运转电刷，B2 为高速运转电刷，B3 为公共电刷。

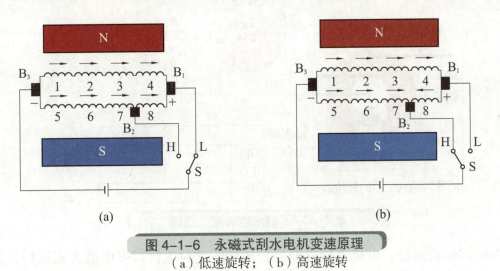

图 4-1-6　永磁式刮水电机变速原理
（a）低速旋转；（b）高速旋转

当电机工作时，在电枢线圈内同时产生与电枢电流方向相反的反电动势，其大小与转速成比例。只有当外加电压等于反电动势时，电枢的转速才趋于稳定。

（1）低速运转时：当开关拨向 L（低速挡）时，如图 4-1-6（a）所示。电源电压加在 B1 与 B3 电刷之间。在电刷 B1 与 B3 之间有两条并联的电枢绕组支路，一条是由绕组 1、2、3、4 串联的支路；另一条是由绕组 5、6、7、8 串联的支路。每条回路中串联的有效线圈各为四个，串联线圈数相对较多，故反电动势较大，电机以低速运转。

（2）高速运转时：当开关拨向 H（高速挡）时，如图 4-1-6（b）所示。电源电压加在 B2 和 B3 电刷之间,B2 与 B3 之间有两条并联的电枢绕组支路,一条支路由绕组 1、2、3、4、8 串联的支路,另一条由绕组 5、6、7 串联的支路。由于绕组 8 与绕组 4 的绕线方向相反,而流经其中的电流方向相同,故绕组 8 产生的反向电动势与绕组 4 产生的反向电动势互相抵消,剩下 3 个绕组的反向电动势与电源电压平衡,故反电动势较小,电机以高速运转。

2. 刮水器的自动复位原理

刮水器的自动复位是指在工作过程中任何时刻关闭刮水器控制开关,刮水片都能自动停止在风窗玻璃的下部而不影响驾驶员的视线。图 4-1-7 为常见的刮水器自动复位原理示意图,在直流电机减速机构的涡轮上嵌有铜环,外铜环上有个缺口,内铜环上有个凸块,凸块通过动触点与电源的正极相连。当刮水片没有停止在规定起始位置时,由于触点 B 通过铜环与触点 A(触点 A 通过电机外壳搭铁)相接触,则电流继续流入电枢,电机低速运转,旋转到起始位置时,电路断开。其电流回路为:蓄电池的正极→电源开关→保险丝→电刷 B→电枢绕组→电刷 B1→刮水器开关接线柱 2→刮水器开关接线柱 1→复位器的触点 B→铜环→复位器的触点 A→搭铁→蓄电池负极。

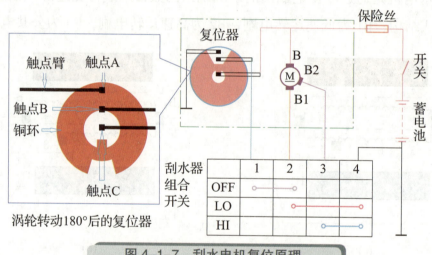

图 4-1-7 刮水电机复位原理

由于电枢的运动惯性,电机不能立即停止运转,此时电机以发电机方式运行,其电流回路为:电刷 B→电枢绕组→电刷 B1→刮水器开关接线柱 2→刮水器开关接线柱 1→复位器的触点 B→铜环→复位器的触点 C→电刷 B。

电枢绕组产生的反电动势的方向与外加电压的方向相反,产生制动转矩,电机迅速停止运转,使刮水片复位到风窗玻璃下部的起始位置。

3. 刮水器控制电路分析

当汽车在小雨或浓雾天气行驶时,挡风窗玻璃表面形成不连续的水滴,如果刮水片还是按一定的速度连续刮拭,微量的水分和灰尘就会形成发黏的表面,这样不仅不能将风窗玻璃刮洗干净，反而使玻璃模糊不清，留下污斑，影响驾驶员的视线。为此，汽车刮水器具有自动间歇刮水功能，在小雨或浓雾天气行驶时，只需将刮水器开关拨至间歇工作挡位，刮水器便在间歇刮水继电器的控制下，按每 2~12s 刮水一次的规律自动停止和刮拭，使风窗玻璃洁净，驾驶员获得良好的视线。下面以吉利帝豪 EV300 电动车前刮水器和洗涤器控制电路为例分析其工作原理。

吉利帝豪 EV300 电动车前刮水器和洗涤器控制电路，如图 4-1-8 所示。当点火开关处于 ON 挡时，前风窗玻璃刮水器开关接通电源，控制前刮水器电机和洗涤电机的动作。右组合开关 HI 为高速挡，LO 为低速挡，INT 为间歇挡，OFF 为关闭挡，MIST 为点动挡。

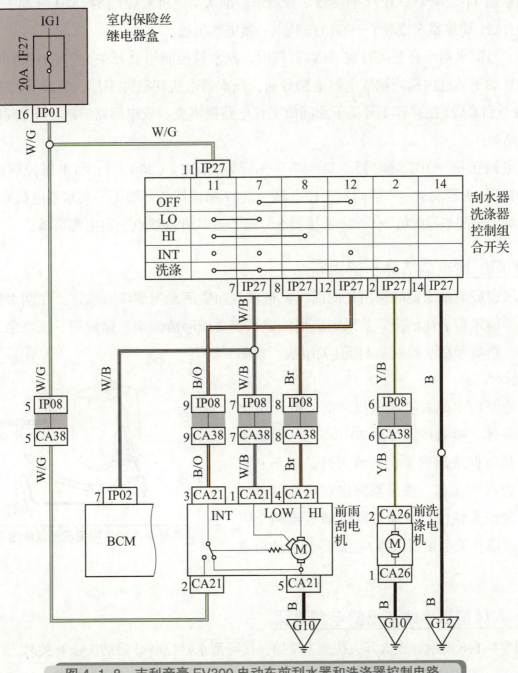

图 4-1-8　吉利帝豪 EV300 电动车前刮水器和洗涤器控制电路

（1）当刮水器组合开关打在"HI"挡时，刮水器控制组合开关IP27插接器的11号端子与8号端子通过内部开关触点导通，此时刮水器电机高速运转。HI挡（高速挡）电流回路为：

蓄电池正极→IG1继电器（30、87）→保险丝IF27（20A）→刮水器控制组合开关IP27插接器11号端子→IP27插接器8号端子→刮水器电机CA21插接器4号端子→刮水器电机→CA21插接器5号端子→G10搭铁点→蓄电池负极。

（2）当刮水器组合开关打在"LO"挡时，刮水器控制组合开关IP27插接器的11号端子与7号端子通过内部开关触点导通，刮水器电机低速运转。LO挡（低速挡）电流回路为：

蓄电池正极→IG1继电器（30、87）→保险丝IF27（20A）→刮水器控制组合开关IP27插接器11号端子→IP27插接器7号端子→刮水器电机CA21插接器1号端子→刮水器电机→CA21插接器5号端子→G10搭铁点→蓄电池负极。

（3）当刮水器组合开关打在"INT"挡时，刮水器控制组合开关IP27插接器的11号端子与7号端子通过内部间歇继电器电路导通，刮水器电机间歇性工作，另外IP27插接器的12号端子到CA21插接器1号端子为间歇工作电路提供充、放电回路。INT挡（间歇挡）电流主回路为：

蓄电池正极→IG1继电器（30、87）→保险丝IF27（20A）→刮水器控制组合开关IP27插接器11号端子→内部间歇工作电路→IP27插接器7号端子→刮水器电机CA21插接器1号端子→刮水器电机→CA21插接器5号端子→G10搭铁点→蓄电池负极。

4. 前风窗玻璃洗涤系统组成

前风窗玻璃洗涤器的作用是向前风窗玻璃表面喷洒专用清洗液或水，在刮水片的配合下，保持前风窗表面洁净。前风窗玻璃洗涤系统由玻璃清洗剂、储液箱、洗涤泵、输液管（软管）、喷嘴和刮水器/洗涤器开关组成，如图4-1-9所示。

洗涤泵由永磁式直流电机和离心叶片泵组装成为一体，喷射压力可达70~88kPa。前风窗玻璃洗涤液储液罐安装在右前大灯总成下、右前翼子板衬板前部。洗涤泵固定在洗涤液储液罐上，洗涤泵使洗涤液通过软管输送至两个喷嘴。洗涤器开关也是刮水器/洗涤器开关的组成部分。

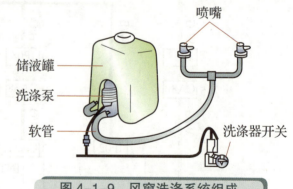

图4-1-9 风窗洗涤系统组成

5. 前风窗玻璃洗涤器的电路原理

如图4-1-8所示，点火开关拨到ON挡，接通刮水器控制开关的洗涤开关时，IP27插接器11号端子与IP27插接器2号端子接通，洗涤泵得电运转，位于发动机盖上的两个喷嘴向前挡风玻璃喷射清洗液。此时，电流回路为：

蓄电池正极→IG1继电器（30、87）→保险丝IF27（20A）→刮水器控制组合开关IP27插接器11号端子→IP27插接器2号端子→前洗涤电机→G10搭铁点→蓄电池负极。

此时，在洗涤开关接通时刮水器也低速运行，改善清洗效果。当驾驶员松开控制手柄时前洗涤开关自动复位回到OFF挡，前风窗玻璃刮水器开关11端子与2端子断开，切断洗涤泵控制电路，洗涤电机停止运转，喷嘴停止喷射清洗液，刮水片在到前风窗玻璃下部的起始位置停止。

三、刮水器及洗涤系统常见故障及检修

电动刮水器高速挡不工作故障检修

1. 汽车刮水器常见故障及检修

刮水器常见故障有刮水器不工作、个别挡位不工作、无法自动复位等。导致刮水器系统发生故障的部位大多数在刮水器电机、刮水器开关、刮水器间歇继电器、机械传动部分、控制线路或熔丝。

（1）如果刮水器不工作，第一步检查保险熔丝是否烧断；第二步检查刮水器电机时可直接给刮水器电机供电，观察电机的高、低速运转是否正常。若不正常，可能是电机内部短路或者烧损，需要更换刮水器电机。

（2）如果刮水器间歇挡工作不正常，则检查间歇继电器是否损坏或控制线路是否有故障。

（3）如果刮水器的速度转动不正常或无法回位，可能是开关接触不良或电机自动复位装置故障引起的。检查确认后再进行更换。

2. 前风窗玻璃洗涤系统常见故障及检修

检测电动洗涤器性能好坏时，可向储液罐中加入洗涤剂或水，合上洗涤器控制开关，观察喷嘴喷出的液流是否有力，喷射方向是否适当。如果不正常，则应检查洗涤泵、喷嘴、连接软管、单向阀、储液罐及密封装置的技术状况。

（1）洗涤泵电机不转的原因可能是：洗涤器开关失灵，电路电源或线路有故障。可以通过修复线路或更换、修理损坏的元器件的方法排除该故障。

（2）喷嘴工作异常的原因可能是：洗涤液软管压扁，单向阀弯折、堵塞或接头泄漏，喷嘴堵塞，洗涤泵有故障。可以通过校正、平直、疏通或更换压扁变形的洗涤液软管，紧固导管接头，使之无泄漏现象。对已阻塞的喷嘴清除阻塞物，修理或更换有故障的洗涤泵。解决故障后用大头针调整喷嘴的喷淋角度。

知识拓展

一、认识比亚迪 e5 电动车刮水器开关电路图

如图 4-1-10 所示为比亚迪 e5 电动车刮水器开关电路。组合开关内含 CPU，刮水信号开关和洗涤信号开关将对应的挡位信号输送给组合开关 CPU，CPU 通过 CAN 网将控制信号传输给 MCU。

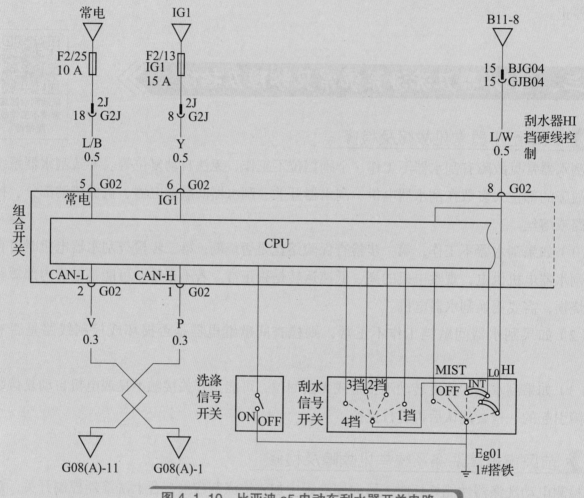

图 4-1-10　比亚迪 e5 电动车刮水器开关电路

二、认识比亚迪 e5 刮水器控制电路图

如图 4-1-11 所示为比亚迪 e5 刮水器控制电路。MCU 收到 CPU 通过 CAN 网传输过来的刮水开关信号和洗涤开关信号后，MCU 运算后控制对应的继电器得电，从而控制刮水电机和洗涤电机工作，其中刮水器高速挡是硬线控制模式。

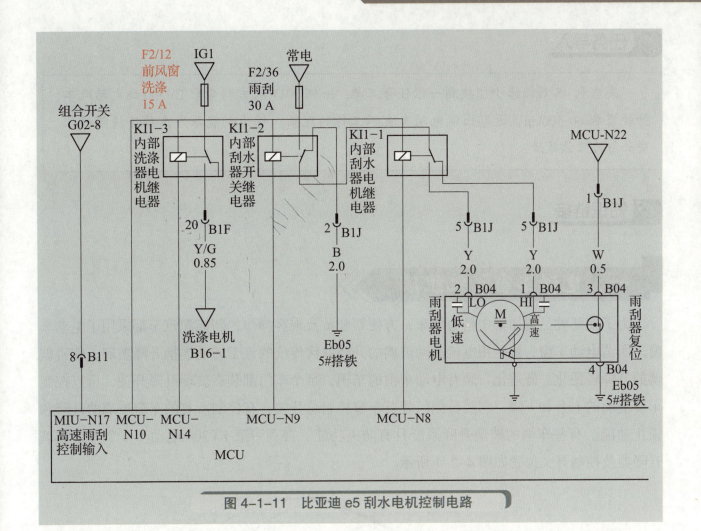

图 4-1-11 比亚迪 e5 刮水电机控制电路

任务 2 检修新能源汽车电动车窗不工作故障

任务目标

1. 能描述电动车窗系统的组成和工作原理。
2. 能读懂电动车窗系统电路图。
3. 能查阅维修手册，小组合作并发扬工匠精神，完成电动车窗不工作故障检修任务。

任务导入

某吉利 4S 店维修小组接到一张任务工单：一辆 2017 款吉利帝豪 EV300 纯电动汽车，行驶里程 60 500km，近期出现电动车窗不工作的现象。作为新能源汽车维修技师的你，应如何检修该故障？

知识链接

一、电动车窗系统组成

为了使驾驶员更加集中精力驾车，方便驾驶员及乘客操作，新能源汽车都采用了电动车窗。所谓电动车窗，就是用电机驱动玻璃的升降取代传统的人工转动摇柄升降玻璃，使得玻璃的升降轻便化、舒适化。装有电动车窗的车辆，每个车门都装有玻璃升降开关，可以控制车窗玻璃的上升和下降。驾驶员侧门装有车窗控制总开关，有控制所有的车窗玻璃的升降和锁止功能。有些车辆的玻璃升降系统具有防夹功能。吉利帝豪 EV300 电动车 4 个车窗玻璃升降器及控制开关位置如图 4-2-1 所示。

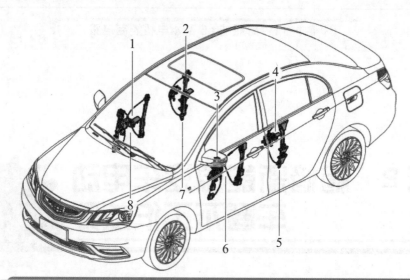

图 4-2-1 吉利帝豪 EV300 电动车窗玻璃升降器及控制开关位置

1—右前门玻璃升降器开关；2—右后门玻璃升降器开关；3—左前门玻璃升降器开关；
4—左后门玻璃升降器开关；5—左后门玻璃升降器；6—左前门玻璃升降器；
7—右后门玻璃升降器；8—右前门玻璃升降器

电动车窗主要由玻璃升降器、电机、控制开关（主控开关、分控开关）、车窗玻璃等组成。电动车窗最主要的部件是车窗玻璃升降器，目前常用的有电动齿扇式玻璃升降器和电动钢丝滚筒式玻璃升降器，如图 4-2-2 所示。

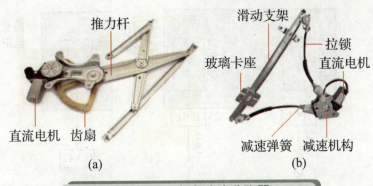

图 4-2-2 车窗玻璃升降器
（a）齿扇式玻璃升降器；（b）钢丝滚筒式玻璃升降器

1. 齿扇式玻璃升降器

如图 4-2-2（a）所示，双向直流电机带动蜗轮蜗杆减速改变方向后，驱动齿扇，从而使玻璃上下移动。齿扇上安有螺旋弹簧，当车窗下降时螺旋弹簧收缩，当车窗上升时螺旋弹簧伸展，达到直流电机双向负荷平衡的目的。

2. 钢丝滚筒式玻璃升降器

如图 4-2-2（b）所示，双向直流电机前端安装有减速机构，其上安装有一个绕有钢丝的滚筒，玻璃卡座固定在钢丝上且可在滑动支架上移动。

二、电动车窗电路分析（不带防夹功能）

1. 吉利帝豪 EV300 电动车窗系统电源和车窗升降电机电路分析

（1）电源电路。如图 4-2-3 所示，帝豪 EV300 电动车窗系统的电源正极电路主要分三路，电源负极电路一路。

电源正极的三路电路如下：

①IG1→室内保险丝继电器盒中的 IF25（10A）保险丝→电动车窗控制单元连接器 SO92 的 19 号针脚，当车辆启动开关在 ON 挡位置时才有 12V 输出。

②蓄电池正极→室内保险丝继电器盒中的 IF02（15A）保险丝→电动车窗控制单元连接器 SO92 的 23 号针脚，为电动车窗控制单元提供工作常电。

③蓄电池正极→经过前机舱保险丝继电器盒中的 EF30（30A）保险丝→电动车窗控制单元连接器 SO92 的 22 号和 28 号针脚，通过电动车窗控制单元为车窗玻璃升降电机提供工作电源。

电源负极电路：蓄电池负极→G16 搭铁点（搭铁点在驾驶员前左下方）→车窗控制单元连接器 SO92 的 9 号针脚，为电动车窗控制单元和各车窗玻璃升降电机提供负极电源。

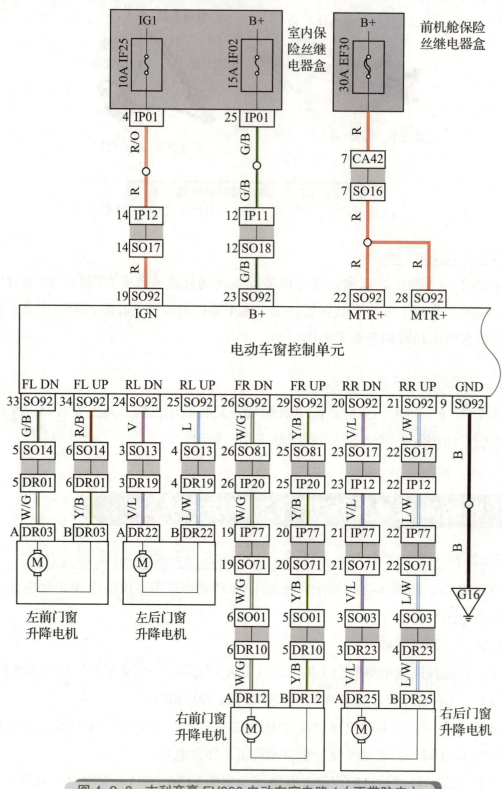

图 4-2-3 吉利帝豪 EV300 电动车窗电路 1（不带防夹）

（2）车窗升降电机控制电路。如图 4-2-3 所示，车窗升降电机工作直接受电动车窗控制单元控制。每个车窗玻璃升降电机有两条工作电源线与控制单元连接。在车窗玻璃升降电机不工作时，两根工作电源线通过电动车窗控制单元控制分别搭铁。下面以左前车窗升降电机为例来分析其上升和下降的工作过程。

①接通左前车窗玻璃上升开关时：电动车窗控制单元控制SO92连接器的34号线输出12V电→左前门窗升降电机A线，左前门窗升降电机B线→SO92连接器33号线→搭铁（电动车窗控制单元内部搭铁）→12V蓄电池负极。即左前车窗电机电流从A线流入，B线流出，电机得电正转，车窗玻璃上升。

②接通左前车窗玻璃下降开关时：电动车窗控制单元控制SO92连接器的33号线输出12V电→左前门窗升降电机B线，左前门窗升降电机A线→SO92连接器34号线→搭铁（电动车窗控制单元内部搭铁）→12V蓄电池负极。即左前车窗电机电流从B线流入，A线流出，电机得电反转，车窗玻璃下降。

其他车窗升降电机工作原理可参考左前车窗升降电机的工作原理。

2. 吉利帝豪EV300电动车窗系统开关信号电路（以右前门电动车窗开关信号电路为例）

（1）右前门电动车窗上升信号电路。如图4-2-4、图4-2-5所示，右前门电动车窗上升信号电路有以下两路。

①左前门电动车窗总开关控制右前门电动车窗上升信号电路：蓄电池负极→G16搭铁点→左前电动车窗开关DR05连接器的20号针脚→内部触点开关→左前电动车窗开关DR05连接器的12号针脚→电动车窗控制单元SO92连接器的6号端子。电动车窗控制单元SO92连接器的6号针脚收到搭铁信号后控制右前门升降电机工作，升起右前门车窗玻璃。

②右前门电动车窗开关上升信号电路：蓄电池负极→G16搭铁点→左前电动车窗开关DR05连接器的20号针脚→内部相连线路→左前电动车窗开关DR05连接器的24号针脚→右前电动车窗开关DR14连接器的4号针脚→内部触点开关→右前电动车窗开关DR14连接器的5号针脚→电动车窗控制单元SO92连接器的6号FR UP端子。电动车窗控制单元SO92连接器的6号针脚收到搭铁信号后控制右前门升降电机工作，升起右前门车窗玻璃。

（2）右前门电动车窗下降信号电路。如图4-2-4、图4-2-5所示，右前门电动车窗下降信号电路有以下两路。

①左前门电动车窗总开关控制右前门电动车窗下降信号电路：蓄电池负极→G16搭铁点→左前电动车窗开关DR05连接器的20号针脚→内部触点开关→左前电动车窗开关DR05连接器的13号针脚→电动车窗控制单元SO92连接器的1号端子。电动车窗控制单元SO92连接器的1号针脚收到搭铁信号后控制右前门升降电机工作，降下右前门车窗玻璃。

②右前门电动车窗开关下降信号电路：蓄电池负极→G16搭铁点→左前电动车窗开关DR05连接器的20号针脚→内部相连线路→左前电动车窗开关DR05连接器的24号针脚→右前电动车窗开关DR14连接器的4号针脚→内部触点开关→右后电动车窗开关DR14连接器的1号针脚→电动车窗控制单元SO92连接器的1号FR DN端子。电动车窗控制单元SO92连接器的1号针脚收到搭铁信号后控制右前门升降电机工作，降下右前门车窗玻璃。

其他电动车窗的开关信号电路工作原理可参考右前门电动车窗电路工作原理。

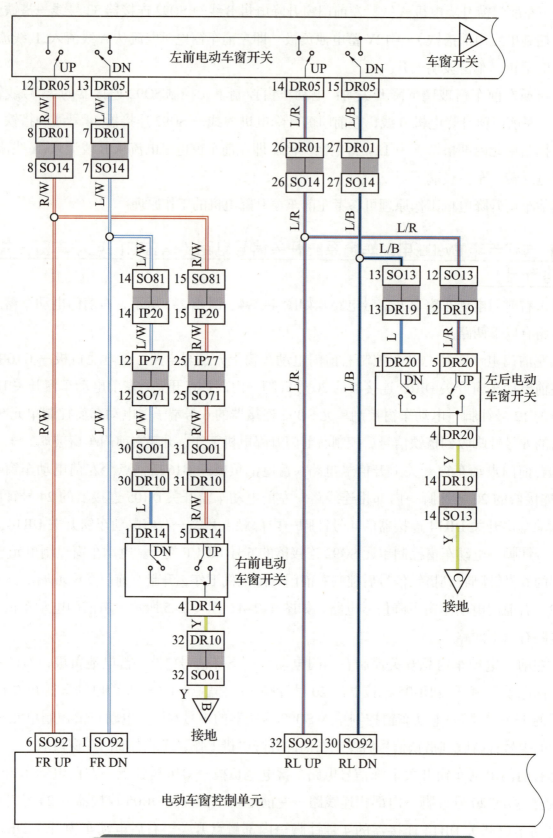

图 4-2-4 吉利帝豪 EV300 电动车窗电路 2（不带防夹）

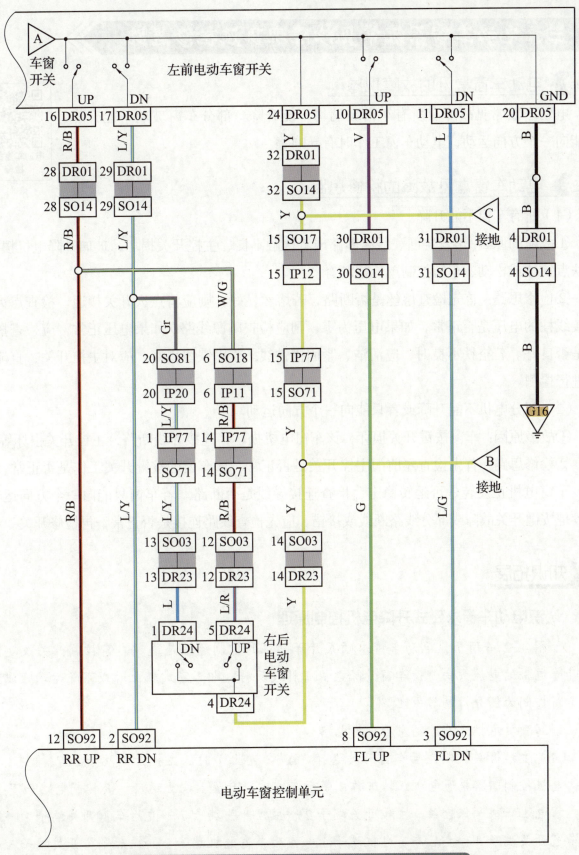

图 4-2-5 吉利帝豪 EV300 电动车窗电路 3（不带防夹）

三、电动车窗系统常见故障现象及检修思路

1. 电动车窗常见的故障现象

电动车窗常见故障有所有车窗玻璃均不能升降、部分车窗玻璃不能升降、只能向一个方向运动、电动车窗工作时有异响等。

电动车窗故障检修

2. 电动车窗常见故障的检修思路

（1）所有车窗不能升降。

①故障的原因：熔丝烧断、线路断路或者接触不良、主控开关损坏、玻璃升降电机损坏、搭铁点锈蚀或松动、车窗控制单元损坏等。

②检修思路：首先检查熔丝是否断路，若熔丝良好，则应将点火开关接通。检查点火开关接线柱的电压是否正常，如果电压为零，则应检查电源线路；如果电压正常，应检查搭铁线是否良好。若搭铁不良时，应清洁、紧固搭铁线；若搭铁线良好，应对主控开关、直流电机进行检测。

（2）部分电机不能升降或者只能向一个方向运动。

①故障原因：车窗按键开关损坏，该车窗电机损坏，连接导线断路，主控开关损坏等。

②检修思路：首先检查左前门主控开关是否正常，该车窗的按键开关工作是否正常，检查该车窗电机正反转是否运转稳定，检查连接导线是否断路。若车窗只能向一个方向运转，一般是按键开关故障或部分线路断线或接错，应先检查线路连接是否正常，再检修开关。

知识拓展

认识电动车窗永磁式升降电机控制原理

如图4-2-6所示，电动车窗永磁式升降电机的控制原理是通过车窗控制开关改变流进升降电机的电流方向，使车窗升降电机正转或反转，即车窗玻璃上升或下降运动。以左后车窗控制为例分析电路原理。

1. 驾驶员主控开关控制左后车窗电路

（1）主控开关控制左后车窗开关选择"▲"（向上）时，主控开关端子2-7、13-8接通，电机控制回路接通电机正转工作，带动车窗玻璃升降器向上运动。其控制电路如下：

蓄电池正极→保险丝→主控开关端子2→主控开关端子7→左后车窗开关端子1→左后车窗开关端子4→左后车窗电机端子1→左后车窗电机端子2→左后车窗开关端子5→左后车窗开关端子2→主控开关端子8→主控开关端子13→搭铁→蓄电池负极。

（2）主控开关控制左后车窗开关选择"▼"（向下）时，主控开关端子2-8、13-7接通，电机控制回路接通电机反转工作，带动车窗玻璃升降器向下运动。其控制电路如下：

蓄电池正极→保险丝→主控开关端子2→主控开关端子8→左后车窗开关端子2→左后车窗开关端子5→左后车窗电机端子2→左后车窗电机端子1→左后车窗开关端子4→左后车窗开关端子1→主控开关端子7→主控开关端子13→搭铁→蓄电池负极。

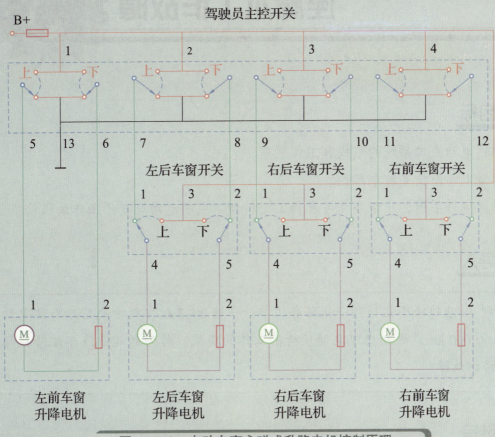

图 4-2-6　电动车窗永磁式升降电机控制原理

2. 左后车窗开关控制电路

（1）左后车窗开关选择"▲"时，主控开关端子13-7、13-8接通，左后车窗开关端子1-4、3-5接通，电机控制回路接通电机正转工作，带动车窗玻璃升降器向上运动。其控制电路如下：

蓄电池正极→保险丝→左后车窗开关端子3→左后车窗开关端子4→左后车窗电机端子1→左后车窗电机端子2→左后车窗开关端子5→左后车窗开关端子2→主控开关端子8→主控开关端子13→搭铁→蓄电池负极。

（2）左后车窗开关选择"▼"时，主控开关端子13-7、13-8接通，左后车窗开关端子3-4、2-5接通，电机控制回路接通电机正转工作，带动车窗玻璃升降器向下运动。其控制电路如下：

蓄电池正极→保险丝→左后车窗开关端子3→左后车窗开关端子5→左后车窗电机端子2→左后车窗电机端子1→左后车窗开关端子4→左后车窗开关端子1→主控开关端子7→主控开关端子13→搭铁→蓄电池负极。

任务3 检修新能源汽车电动座椅不工作故障

任务目标

1. 能描述电动座椅系统的组成和工作原理。
2. 能读懂电动座椅系统电路图。
3. 能查阅维修手册,小组合作并发扬工匠精神,完成电动座椅不工作故障检修任务。

任务导入

某吉利4S店维修小组接到一张任务工单:一辆2017款吉利帝豪EV300纯电动汽车,行驶里程60 000 km,近期出现电动座椅不工作的现象。作为新能源汽车维修技师的你,应如何检修该故障?

知识链接

一、电动座椅系统组成和工作原理

为了提高汽车乘坐的舒适性,使驾驶员及乘员便于调整到舒适又安全、不易疲劳的驾乘位置,部分新能源汽车上安装有电动座椅调整装置。如图4-3-1所示为吉利帝豪EV300电动座椅电气原理。

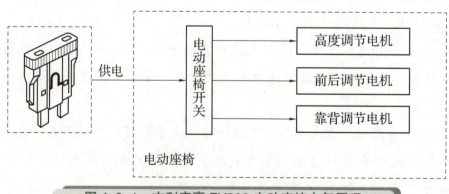

图4-3-1 吉利帝豪EV300电动座椅电气原理

1. 电动座椅的组成

图 4-3-2 为吉利帝豪 EV300 电动座椅分解图。电动座椅由座椅调节开关、电机、传动装置等组成。吉利帝豪 EV300 电动座椅使用 3 个电机实现 6 个不同方向的调节，即前、后、上、下、前倾和后倾。为了进一步提高乘坐的舒适性，现代轿车的电动座椅增加了一些调节功能，如座椅垂直调节、后垂直调节、靠背调节、腰部支撑调节及头枕调节等。

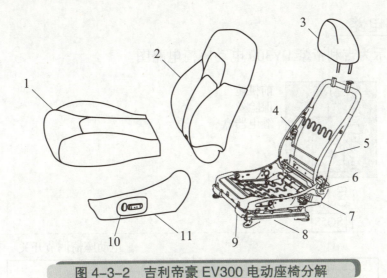

图 4-3-2 吉利帝豪 EV300 电动座椅分解

1—电动座椅座垫；2—电动座椅靠背；3—头枕；4—电动座椅腰部支撑旋钮；5—电动座椅支架；
6—电动座椅靠背调节电机；7—电动座椅高度调节电机；8—电动座椅下滑轨总成；
9—电动座椅前后调节电机；10—电动座椅调节开关；11—电动座椅左侧饰板

（1）座椅调节开关。图 4-3-3 所示为吉利帝豪 EV300 电动座椅开关及内部结构。电动座椅开关由三个开关组成：前后调节开关、上下调节开关和靠背调节开关。座椅调节开关为对应的座椅电机提供电源和接地电路，调节电机进行调节。

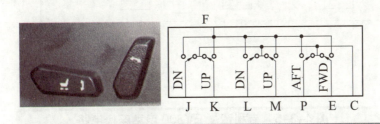

图 4-3-3 吉利帝豪 EV300 电动座椅调节开关及内部结构

（2）电动座椅控制器。部分新能源汽车配有电动座椅控制器，其控制电动座椅的各调节电机工作电流通断、座椅位置信息存储、执行和复位动作。当收到来自电动座椅开关的输入信号后，控制器中的继电器动作，控制座椅调节电机转动。

（3）座椅调节电机，如图 4-3-4 所示。大多数电动座椅调节采用永磁式电机，调节电机在来自控制器的电

图 4-3-4 座椅调节电机

流驱动下为电动座椅的传动装置提供动力。此类电机电枢的旋转方向随电流的方向改变而改变，每个电机可调节座椅两个方向的移动。我们常说的6向移动座椅是使用3个电机实现座椅6个不同方向的位置调整：上、下、前、后、前倾、后倾。所有的座椅电机独立工作。所有的电机内装有电子断路器（PTC），该断路器在电路过载情况下断开，而且仅在电路电压切断后才会复位。

乙. 电动座椅电路

如图4-3-5所示为吉利帝豪EV300电动座椅电路图。

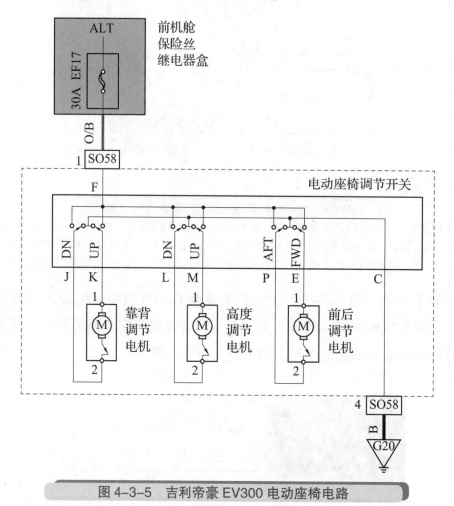

图4-3-5　吉利帝豪EV300电动座椅电路

（1）电动座椅电源电路。蓄电池B+→保险丝EF17/30A（前机舱保险丝继电器盒）→电动座椅调节开关线束连接器SO58的1号端子，为电动座椅系统提供12V正极工作电源。蓄电池负极→G20搭铁点→线束连接器SO58的4号端子，为电动座椅提供负极工作电源。

（2）座椅调节电机工作电路。当电动座椅调节开关处于静态时，3对调节开关通过6个触点分别将靠背调节电机、高度调节电机和前后调节电机的两端搭铁，此时，每个调节电机两端的电压为0V。

①电动座椅前后调整电路：当操作座椅调节开关使整个座椅向前移动时，电动座椅调节开关的E端子与F端子接通，前后调节电机1号线通过调节开关E端子接通12V正极电压，

前后调节电机 2 号线通过调节开关 P 端子搭铁。电机运行以驱动整个座椅向前移动，直到开关松开。向后移动整个座椅和向前移动整个座椅的操作过程类似。不同的是，蓄电池正极电压和接地通过相反的电路施加在电机上，从而使电机反向运转。

②电动座椅高度调整电路：当操作座椅调节开关使整个座椅向上移动时，电动座椅调节开关的 M 端子与 F 端子接通，高度调节电机 1 号线通过调节开关 M 端子接通 12V 正极电压，高度调节电机 2 号线通过调节开关 L 端子搭铁。电机运行以驱动整个座椅向上移动，直到开关松开。向下移动整个座椅和向上移动整个座椅的操作过程类似。不同的是，蓄电池正极电压和接地通过相反的电路施加在电机上，从而使电机反向运转。

③电动座椅靠背调整电路：当操作座椅调节开关使座椅靠背向前倾斜时，电动座椅调节开关的 K 端子与 F 端子接通，靠背调节电机 1 号线通过调节开关 K 端子接通 12V 正极电压，靠背调节电机 2 号线通过调节开关 J 端子搭铁。电机运行以驱动座椅靠背向前倾斜，直到开关松开。座椅靠背向后倾斜和座椅靠背向前倾斜的操作过程类似。不同的是，蓄电池正极电压和接地通过相反的电路施加在电机上，从而使电机反向运转。

3. 带储存功能电动座椅工作原理

带储存功能电动座椅系统的控制模块具有记忆功能。当按下记忆按键时，它能够将设定的座椅调节位置进行记录，使用时只要按指定的按钮开关，座椅就会自动调节到预先设定的座椅位置上。如图 4-3-6 所示，带储存功能电动座椅系统主要由电源、传感器、电控模块和执行器组成，其中 4 个位置传感器用来控制座椅的设定位置。当座椅位置设定后，驾驶员按下存储器的按钮，电控模块就把这些电压信号记忆在储存器中，作为重新调节位置时的基准。

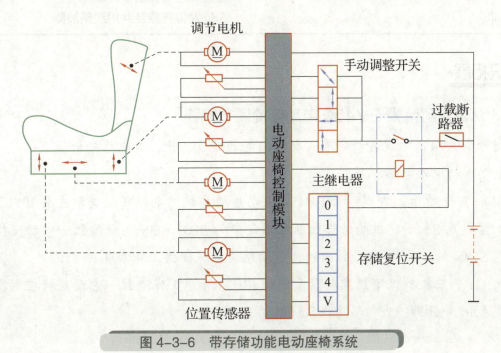

图 4-3-6　带存储功能电动座椅系统

二、电动座椅的常见故障及检修思路

当电动座椅出现故障时,首先,了解需要检修的电动座椅的工作原理,因为不同车型或款式或年份,车辆的电动座椅组成和控制原理可能存在较大差异;其次,结合故障现象对照电路图分析故障原因;最后,从检查保险丝、电路连接和搭铁情况开始到检查控制开关、调节电机和控制模块等。电动座椅常见故障及原因见表4-3-1。

电动座椅前后无法调整故障检修

表4-3-1 电动座椅常见故障及原因

序号	故障现象	故障原因
1	电动座椅所有方向无法调节	①保险丝熔断 ②线路搭铁不良 ③控制开关故障 ④公共电源线断路 ⑤电动座椅控制单元故障
2	电动座椅单个方向无法调节	①开关损坏 ②该方向对应的电机损坏 ③相关的线路断路 ④电动座椅控制单元故障
3	电动座椅记忆功能、设定功能失效	①设定、记忆开关损坏 ②该方向对应的电机损坏 ③相关的线路断路 ④电动座椅控制单元故障 ⑤位置传感器及共用线路故障

知识拓展

一、认识吉利帝豪EV450电动座椅调节电路

吉利帝豪EV450电动座椅带有6个方向电动调节功能,其电路分析如下:

1. 电动座椅电源电路

如图4-3-7所示,吉利帝豪EV450电动座椅系统的电源正极电路主要有以下两路。

(1)蓄电池B+→前机舱保险丝继电器盒中的EF31(20A)保险丝→电动座椅控制模块连接器SO94的1号和12号针脚,为电动座椅系统提供工作常电。

(2)IG1→前机舱保险丝继电器盒中的EF17(10A)保险丝→电动座椅控制模块连接器SO94的10号针脚,为电动座椅系统提供IG电源。

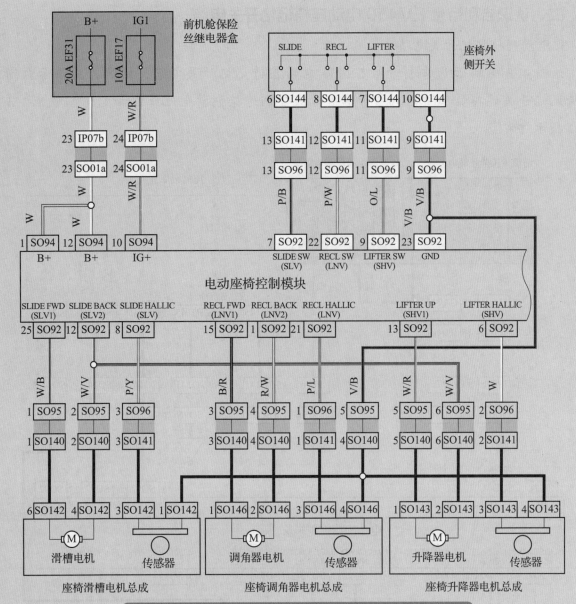

图 4-3-7 吉利帝豪 EV450 电动座椅调节电路

2. 调节开关电路

调节开关通过内部触点将 6 个调节的控制信号分别经过 SO144 插接器 6 号、7 号、8 号线连接到电动座椅控制模块 SO92 线束连接器的 7 号、9 号、22 号针脚，电动座椅控制模块接到 6 个不同的信号后，驱动对应的调节电机通电工作。

3. 调节电机电路

吉利帝豪 EV450 电动座椅 6 个方向调节功能由座椅滑槽电机、调角器电机和升降器电机 3 个电机总成完成。每个电机总成中都装有位置传感器，检测调节电机转动的位置信息，为座椅记忆功能及复位等提供信息。每个电机有两条工作电线连接到电动座椅控制模块，座椅控制模块通过这两条电线给电机输送工作电流，通过改变电流方向的方式来实现调节电机转向的变化。

二、认识吉利帝豪 EV450 电动座椅记忆开关电路

1. 电动座椅记忆开关电路

如图 4-3-8 所示为吉利帝豪 EV450 电动座椅记忆开关电路，记忆开关指示灯通过座椅记忆开关连接器 SO145 的 5 号和 6 号线分别连接到蓄电池正极和 G36 搭铁点，3 个 LED 指示灯常亮。

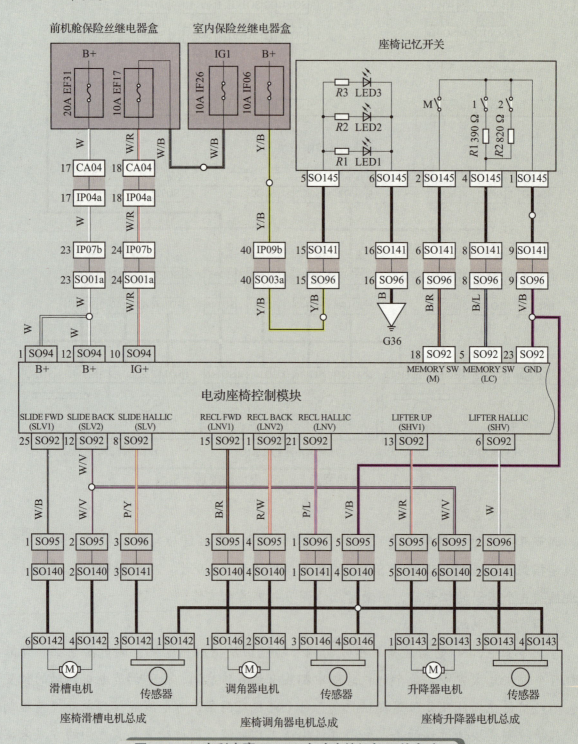

图 4-3-8　吉利帝豪 EV450 电动座椅记忆开关电路

2. 座椅记忆开关内部有三路记忆设置电路

第一路由 GND 接地信号→座椅记忆开关 SO145 连接器 1 号针脚→开关 M→SO145 连接器 2 号针脚→电动座椅控制模块 SO92 连接器 18 号针脚。当开关 M 闭合时，即给电动座椅控制模块输送直接搭铁的电压信号；

第二路由 GND 接地信号→座椅记忆开关 SO145 连接器 1 号针脚→触点 1→R1（390Ω）→SO145 连接器 4 号针脚→电动座椅控制模块 SO92 连接器 5 号针脚。当开关 1 闭合时，即给电动座椅控制模块输送经过 390Ω 电阻搭铁的电压信号；

第三路由 GND 接地信号→座椅记忆开关 SO145 连接器 1 号针脚→触点 2→R2（820Ω）→SO145 连接器 4 号针脚→电动座椅控制模块 SO92 连接器 5 号针脚。当开关 2 闭合时，即给电动座椅控制模块输送经过 820Ω 电阻搭铁的电压信号。

任务4 检修新能源汽车电动天窗不工作故障

任务目标

1. 能描述电动天窗系统的组成和工作原理。
2. 能读懂电动天窗系统电路图。
3. 能查阅维修手册，小组合作并发扬工匠精神，完成电动天窗不工作故障检修任务。

任务导入

某吉利 4S 店维修小组接到一张任务工单：一辆 2017 款吉利帝豪 EV300 纯电动汽车，行驶里程 56 000km，近期出现电动天窗不工作的现象。作为新能源汽车维修技师的你，应如何检修该故障？

知识链接

一、电动天窗系统的组成与工作原理

为了使混浊的空气迅速排出车外，同时又能使新鲜的空气流入车内，提升车内空气环境的舒适性，很多新能源汽车顶部安装了天窗系统。天窗系统按操作方式的不同可以分为手动式和电动式；按面积的不同可分为全景天窗和单天窗（见图4-4-1）；按开启方式的不同又可分为内藏式和外掀式。外掀式天窗在开启后向车顶的外后方升起，而内藏式天窗在开启后可以隐藏于车顶内部，并具有防夹功能和自动关闭功能。

1. 电动天窗系统的组成

电动天窗系统一般由玻璃窗及密封条、天窗滑动机构、天窗驱动机构、天窗控制模块、天窗开关和天窗遮阳板等部件组成。天窗系统主要部件如图4-4-2所示。

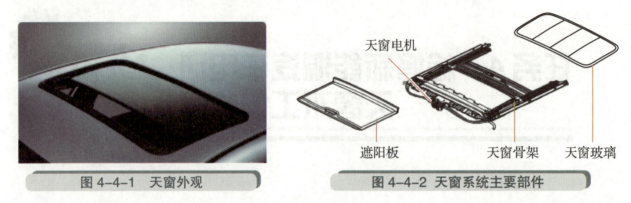

图4-4-1 天窗外观　　图4-4-2 天窗系统主要部件

（1）天窗滑动机构。电动天窗滑动机构主要由导向块、导向销、连杆、托架和前后枕座等构成。

（2）天窗驱动机构。天窗驱动机构主要由天窗电机、传动机构和滑动螺杆等组成。

①天窗电机通过传动装置为天窗的开启和关闭提供动力。天窗电机可以双向转动，即通过改变电流的方向改变电机的旋转方向，实现天窗的开启和关闭。

②传动机构主要由蜗轮蜗杆传动机构、中间齿轮传动机构（主动中间齿轮、过渡中间齿轮）和驱动齿轮等组成。电机的动力通过齿轮传动机构改变旋转方向，并减速增扭后将动力传给滑动螺杆，使天窗实现开启和关闭，同时，又将动力传给凸轮，使凸轮驱动限位开关断开和闭合。主动中间齿轮与蜗轮固定安装在同一轴上，并与蜗轮同步转动，过渡中间齿轮与驱动齿轮也固定安装在同一轴上，被主动中间齿轮驱动，使驱动齿轮带动天窗玻璃移动。

（3）天窗开关。电动天窗的开关一般由天窗开关和限位开关模块组成。

①电动天窗开关为双位摇杆型，位于天窗前部的车顶控制台上。吉利帝豪EV300天窗开启/关闭操作：长按天窗打开/关闭按键（大于500ms），天窗玻璃面板将自动开启到内

藏最大位置或完全关闭位置；在玻璃面板自动滑移过程中，轻触天窗打开/关闭按键（小于500ms），玻璃面板将停止滑移；轻触天窗打开/关闭按键（小于500ms），玻璃面板将滑移天窗或滑移关闭；再次轻触按键，玻璃面板将停止；滑按一下后止动位置，可将天窗玻璃移动到通风位置；按前止动位置并保持，可使天窗返回全闭位置；按两次后止动位置，天窗玻璃将滑到全开位置；按住控制开关上的前止动位置，可从全开位置关闭天窗。吉利帝豪EV300电动天窗开关，如图4-4-3所示。

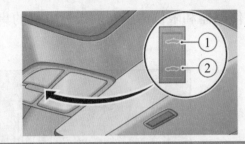

图4-4-3　吉利帝豪EV300电动天窗开关

②限位开关模块用于感知天窗的全开和全闭位置。

（4）天窗控制模块。天窗模块是一个数字控制电路，并有定时器、蜂鸣器和继电器等，其作用是接受开关信号，通过数字电路进行逻辑运算，确定天窗电机的动作，以控制天窗的开闭状态。吉利帝豪EV300电动天窗的天窗控制模块和带压力传感器、限位传感器的天窗电机集成一体。

2. 电动天窗系统的工作原理

天窗电机通常采用永磁式电机，控制器收到控制开关及位置等信号，再通过改变流进电机的电流方向，从而控制电机的旋转方向，通过传动装置实现天窗的开闭控制。一般情况下，电机内装有热断路开关以防止电路过载。如图4-4-4所示为吉利帝豪EV300电动天窗系统电气原理。

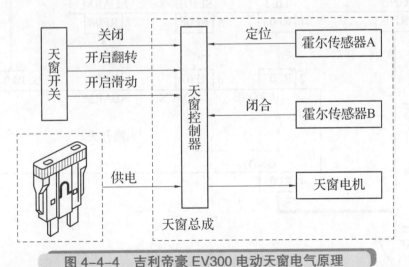

图4-4-4　吉利帝豪EV300电动天窗电气原理

当点火开关接通时，操作电动天窗开关，天窗开关信号送入天窗控制模块，天窗控制模块通过逻辑运算控制天窗电机，从而驱动天窗的开启和关闭。天窗电机动作的同时，限位开关检测天窗位置状态，并将此信号反馈至天窗控制模块。

二、电动天窗系统电路

如图4-4-5所示为吉利帝豪EV300电动天窗电路原理。天窗总成是天窗控制模块与带压力传感器和限位传感器的天窗电机的集成，安装于驾驶舱车顶的室内灯上方。

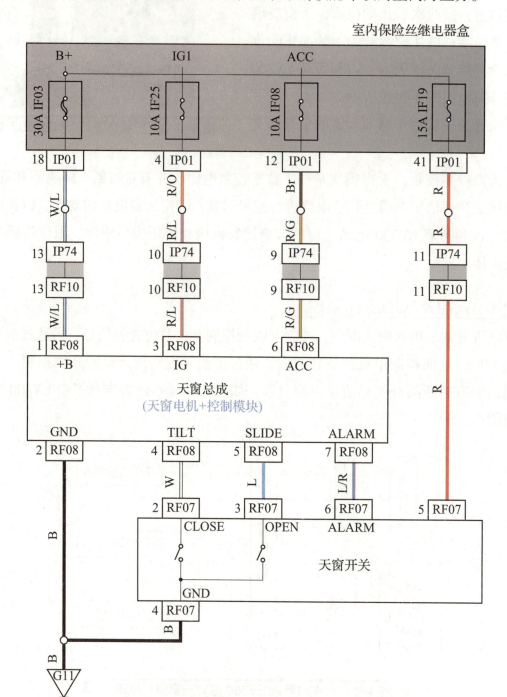

图4-4-5　吉利帝豪EV300电动天窗电路

1. 电源电路

吉利帝豪EV300电动天窗系统的电源有以下4条电路。

（1）天窗总成常电供电电路：蓄电池 B+ →保险丝 IF03/30A（室内保险丝继电器盒）→天窗总成线束连接器 RF08 的 1 号端子。

（2）天窗总成 IG 供电电路：蓄电池 B+ → IG1 →保险丝 IF25/10A（室内保险丝继电器盒）→天窗总成线束连接器 RF08 的 3 号端子。

（3）天窗总成 ACC 供电电路：蓄电池 B+ → ACC →保险丝 IF08/10A（室内保险丝继电器盒）→天窗总成线束连接器 RF08 的 6 号端子。

（4）天窗开关常电供电电路：蓄电池 B+ →保险丝 IF19/15A（室内保险丝继电器盒）→天窗开关线束连接器 RF07 的 5 号端子。

另外，天窗总成通过线束连接器 RF08 的 2 号端子、天窗开关通过线束连接器 RF07 的 4 号端子连接到 G11 搭铁点，为天窗总成和天窗开关接通 12V 电源负极。

2. 开关信号电路

（1）当天窗开关接通"打开天窗"挡（OPEN）时，天窗开关线束连接器 RF07 的 4 号与 3 号端子接通：蓄电池负极→ G11 搭铁点→天窗开关线束连接器 RF07 的 4 号针脚→内部触电开关→天窗开关线束连接器 RF07 的 3 号针脚→天窗总成连接器 RF08 的 5 号针脚，向电动天窗控制输送"打开天窗"信号，天窗控制器驱动天窗电机打开天窗。

（2）当天窗开关接通"关闭天窗"挡（CLOSE）时，天窗开关线束连接器 RF07 的 4 号与 2 号端子接通：蓄电池负极→ G11 搭铁点→天窗开关线束连接器 RF07 的 4 号针脚→内部触电开关→天窗开关线束连接器 RF07 的 2 号针脚→天窗总成连接器 RF08 的 4 号针脚，向电动天窗控制输送"关闭天窗"信号，天窗控制器驱动天窗电机关闭天窗。

三、电动天窗的常见故障及原因

电动天窗系统常见故障及原因见表 4-4-1。

电动天窗不工作故障检修

表 4-4-1 电动天窗系统常见故障及原因

序号	故障现象	故障原因
1	电动天窗漏水	①电动天窗排水管堵塞 ②电动天窗密封条老化
2	电动天窗不工作	①电动天窗保险丝熔断 ②电动天窗电机损坏 ③电动天窗控制模块损坏 ④相关线路断路或短路 ⑤电动天窗开关损坏 ⑥机械卡滞或位置传感器损坏

知识拓展

一、认识吉利帝豪EV450电动天窗系统电路

如图4-4-6所示为吉利帝豪EV450电动天窗系统电路。天窗控制模块与带压力传感器和限位传感器的天窗电机集成为一体,安装于驾驶舱车顶的室内灯上方。

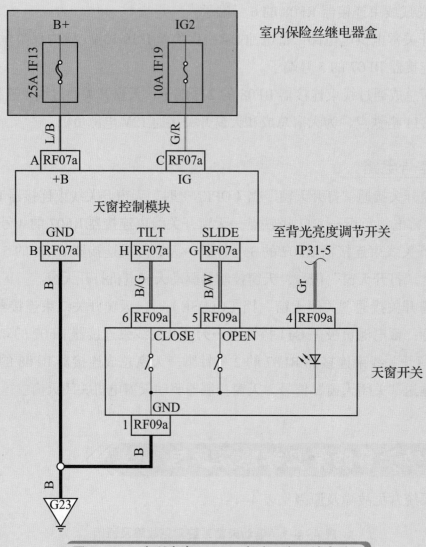

图4-4-6 吉利帝豪EV450电动天窗系统电路

1. 电源电路

(1)电动天窗常电电源电路:蓄电池正极直接供电,经过前机舱保险丝继电器盒中的IF13(25A)保险丝连接到电动天窗控制模块连接器RF07a的A号针脚,为电动天窗系统提供工作常电。

(2)电动天窗IG2电源电路:经过前机舱保险丝继电器盒中的IF19(10A)保险丝,连接到电动天窗控制模块连接器RF07a的C号针脚。

另外,由蓄电池负极经过G23搭铁点,同时连接到电动天窗控制模块连接器RF07a的B号针脚和天窗开关RF09a连接器的1号针脚,为电动天窗系统提供负极工作电源和

搭铁信号。

2. 开关信号电路

（1）当天窗开关接通"打开天窗"挡（OPEN）时，天窗开关信号回路：蓄电池负极→搭铁信号→天窗开关RF09a连接器的1号针脚→内部触电开关→天窗开关RF09a连接器的6号针脚→电动天窗控制模块连接器RF07a的H号针脚。

（2）当天窗开关接通"关闭天窗"挡（CLOSE）时，天窗开关信号回路：蓄电池负极→搭铁信号→天窗开关RF09a连接器的1号针脚→内部触电开关→天窗开关RF09a连接器的5号针脚→电动天窗控制模块连接器RF07a的G号针脚。

二、认识比亚迪e5电动天窗系统电路

比亚迪e5电动天窗系统电路图，如图4-4-7所示。

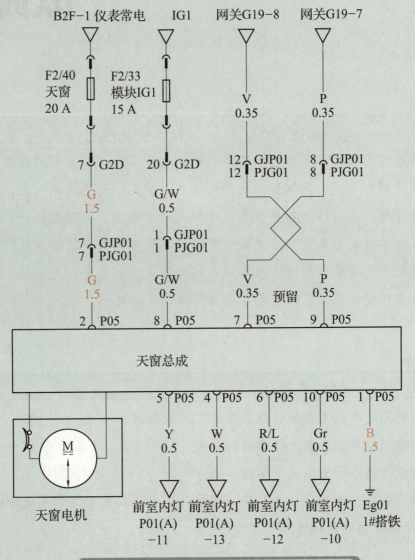

图4-4-7 比亚迪e5电动天窗系统电路

学习情境五
新能源汽车仪表与报警系统故障检修

情境描述 →

　　汽车组合仪表作为汽车最重要的零部件之一，也是车内人机交互的窗口。汽车仪表盘经历了从纯机械式到电气式，再到如今的全数字式的演变。通过汽车仪表，驾驶员（或维修人员）可随时了解汽车运行的各种状态，特别是动力电池、驱动电机，以及混动汽车的发动机等各种工作参数是否正常，以便及时发现和排除车辆存在的潜在故障，保证行车安全。随着汽车智能化的发展，新能源汽车仪表的功能更多、更全、更安全。更换汽车仪表总成、检修仪表与报警系统常见故障是常见职业操作任务之一。

情境目标 →

1. 能描述新能源汽车仪表系统的组成及其工作原理。
2. 能描述新能源汽车仪表常见指示灯的含义。
3. 能看懂新能源汽车仪表系统电路图。
4. 能查阅维修手册，小组合作并发扬工匠精神，完成仪表系统常见故障检修任务。
5. 能按6S标准管理实训现场。

任务 1 认识新能源汽车仪表与报警系统

任务目标

1. 能描述新能源汽车组合仪表的种类和电气原理。
2. 能描述常见仪表指示灯的含义。
3. 能看懂新能源汽车组合仪表系统电路图。
4. 能查阅维修手册，小组合作并发扬工匠精神，安全操作，规范更换组合仪表总成。

任务导入

某吉利 4S 店维修小组接到一张任务工单：一辆吉利帝豪 EV300 纯电动汽车，行驶里程 65 000km，发生了交通事故，车辆无法行驶。启动车辆，组合仪表显示如图 5-1-1 所示。如果你是维修技术人员，你该如何向车主介绍仪表信息，并解释各报警指示灯的含义。

图 5-1-1 吉利帝豪 EV300 组合仪表

知识链接

新能源汽车故障自诊断系统，实时将自检信息在组合仪表板上显示出来。科学地利用组合仪表信息，特别是读懂报警指示灯的含义，有利于维修技术人员快速找到维修方向。在检修故障前，让我们先来了解新能源汽车仪表系统。

一、新能源汽车组合仪表概述

1. 新能源汽车组合仪表的分类

汽车仪表按结构原理的不同大致分为三代：第一代汽车仪表是机械机芯表（已经被逐步淘汰）；第二代汽车仪表是电气式汽车仪表，如图5-1-2所示；第三代汽车仪表是全数字式汽车仪表，如图5-1-3所示。现代新能源汽车仪表为电气式汽车仪表和全数字式汽车仪表。

图5-1-2　电气式汽车仪表

图5-1-3　全数字式汽车仪表

（1）电气式汽车仪表是现在新能源汽车上最常见的一种仪表。车速和转速用指针表示，其他信息采用液晶屏来显示，如转速、行驶里程、车内外温度等。

（2）全数字式汽车仪表是一种网络化、智能化的仪表，其功能更加强大，显示内容更加丰富，线束链接更简单、更全面、更人性化地满足了驾驶需求。全数字式汽车仪表盘使用一整块液晶屏取代了传统的指针和刻度表，所有的信息都通过这一块显示屏显示出来。目前，全数字式汽车仪表使用的显示器主要有发光二极管显示器（LED）、荧光屏显示器（VED）和液晶显示器（LCD）三种。汽车仪表显示器又分为发光型和非发光型。发光型显示器自身发光，容易获得鲜艳的流行色显示，但在阳光的直射下，必须有足够的发光亮度，而在夜间必须加以控制，否则由于太亮会造成驾驶员炫目。非发光型显示器是靠反射环境光显示，在明亮的外观条件下能获得鲜明的显示，但在夜间或者光线暗的场所，必须使用照明光源。与常规电气式汽车仪表相比，全数字（电子）式汽车仪表具有以下优点。

①全数字式汽车仪表能提供大量的、复杂的信息。如汽车故障诊断、导航地图显示、交通信息服务等。

②检测和显示的精度高。全数字式汽车仪表系统的检测和显示精度远远高于传统的电气式汽车仪表。

③具有一表多用的功能。全数字式汽车仪表采用数字分时显示，可在仪表的同一区域根据车辆的行驶情况或驾驶员的需求显示不同信息，如电控系统的故障信息、轮胎压力检测信息、保养提示的信息；还可以根据车辆的运行状况显示总行驶里程和日行驶里程、续航里程等信息。

④能满足现代汽车智能化发展的要求，配合实现高级辅助驾驶及自动驾驶功能。例如，中控大屏（见图5-1-4）进入汽车，并成为人机交互的新平台。

图 5-1-4　特斯拉 model 3 中控大屏

2. 仪表状态和报警指示灯

为了显示汽车各个系统的工作状况，防止不良工况的恶化，及时直观地提醒驾驶员注意，保证行车安全，从而设置状态指示灯和报警指示灯，以及提供声音报警信号的蜂鸣器。状态指示灯和报警指示灯一般都集成在组合仪表内，灯泡多用发光二极管或液晶图形或2W的小灯泡，在灯泡前有彩色滤光片，使灯光发黄或者发红。其图形符号和颜色都沿用国际通用的标准，常见图形符号如表5-1-1所示。

表 5-1-1　电动汽车常见的状态指示灯和报警指示灯

序号	符号	名称	颜色	显示位置	点亮条件
1		安全带未系	红色	表盘	当车辆处于ON状态，驾驶员安全带未系或者乘客安全带未系且乘客座有人或重物时
2		安全气囊	红色	表盘	当车辆处于ON状态，且安全气囊发生故障
3		车身防盗	红色	表盘	车身防盗开启后
4		蓄电池报警	红色	显示屏	蓄电池电压高/低故障，或DC/DC故障
5		门开报警	红色	表盘	驾座门/乘客门/行李箱任意门开时
6		ABS	黄色	表盘	车辆ABS系统发生故障时
7		前雾灯	绿色	表盘	前雾灯打开
8		前照灯远光	蓝色	表盘	远光灯打开
9		后雾灯	黄色	表盘	后雾灯打开
10		左转向	绿色	表盘	左转向打开
11		右转向	绿色	表盘	右转向打开

续表

序号	符号	名称	颜色	显示位置	点亮条件
12		EBD/制动液位/制动系统故障	红色	表盘	车辆EBD系统发生故障时；车辆制动液位低时；制动系统发生故障
13		手刹制动	红色	表盘	手刹拉起时
14		充电提示	黄色	显示屏	充电提醒：电量小于30%时指示灯点亮，请尽快进行充电；在电量低于10%时，提示"请尽快充电"
15		系统故障	红色	显示屏	仪表与整车失去通信时，指示灯持续闪烁；车辆出现一级故障时，指示灯持续点亮
			黄色	显示屏	车辆出现二级故障时，指示灯持续点亮
16		充电线连接指示灯	红色	表盘	车辆进入充电准备状态时，仪表文字提示"请连接充电枪"；车辆充电枪连接后，该指示灯点亮
17	READY	READY指示	绿色	显示屏	车辆准备就绪时
18		跛行指示灯	红色	显示屏	车辆被限制车速时或被限制输出功率时
19		EPS故障	黄色	显示屏	EPS系统发生故障时
20		电机冷却液温度过高	红色	显示屏	当电机或电机控制器温度过高而引起冷液温度过高时
21		动力电池断开	黄色	显示屏	当车辆动力电池断开时
22		动力电池故障	红色	显示屏	当车辆动力电池发生故障时
23		示廓灯	绿色	表盘	当示廓灯打开时

3. 吉利帝豪EV300组合仪表

如图5-1-5所示为吉利帝豪EV300组合仪表显示模块。当车辆正常行驶时，会显示出续驶里程、瞬时电耗、车速、挡位、时间、总计里程、小计里程、电池电量、功率、动力电池充电状态、安全带未系、电机故障指示、充电线连接指示、READY、ECO、功率限制指示、动力蓄电池故障、动力电池切断、胎压异常报警、TPMS（胎压监测系统故障）等指示灯。当未检测到智能钥匙、电子转向柱锁解锁/上锁失败、启动按钮故障、IMMO 认证失败等各种状况下，在仪表的主显示器区会以图片或文字方式显示。

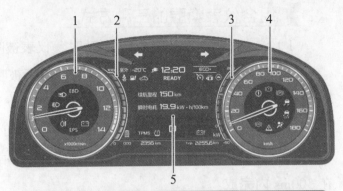

图 5-1-5　吉利帝豪 EV300 组合仪表显示模块
1—转速表；2—电池电量表；3—功率表；
4—车速表；5—主显示器

更换组合仪表总成

二、纯电动车组合仪表电气原理

1. 吉利帝豪 EV300 组合仪表电气原理框图

如图 5-1-6 所示为吉利帝豪 EV300 纯电动车组合仪表电气原理。汽车仪表通过硬线和 CAN 线两种方式采集车载信号，将需要的信息以步进电机指针、TFT 液晶图形及 LED 灯的形式显示给驾驶者。仪表显示内容主要包括电机转速、车速、功率、电池电量、挡位、里程、续航里程和平均电耗、瞬时电耗和平均车速、ECO、READY、充电模式、部分报警图标（TFT 液晶）及其他 LED 显示车载信号。仪表内置蜂鸣器，当有故障出现时，蜂鸣器会发出相应的报警声。仪表显示区包含门开界面、倒车雷达、正常行驶界面、充电界面、PEPS 提示界面等。

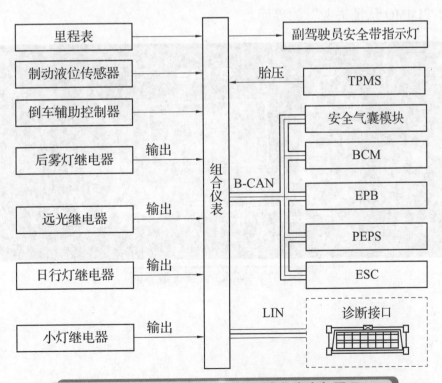

图 5-1-6　吉利帝豪 EV300 组合仪表电气原理

2. 组合仪表唤醒的三种方式

（1）仪表睡眠时，当有 IGN 启动时，仪表被唤醒，背光点亮。

（2）仪表睡眠时，当位置灯点亮时，仪表被唤醒，可显示 LED 报警灯，LCD（液晶显示器）不点亮。

（3）仪表睡眠时，当 CAN 网有充电信号、四门两盖信号和 PEPS 报警信号时，LCD 点亮。

组合仪表从车辆启动开关打开，MCU 收到信号后，初始完成，然后开始发送报文，应在 500ms 内完成。

3. 组合仪表自检

启动开关从 ACC 挡调到 ON 挡，组合仪表进行自检，以提示驾驶员车辆的运行状况。仪表对所有的 LED 指示灯进行自检大约需要 3s，自检期间允许外部信号触发各指示灯。

4. PEPS 报警触发条件

（1）仪表收到电子转向柱锁解锁失败信息。

（2）仪表收到电子转向柱锁锁止失败信息。

（3）仪表收到智能钥匙不在车内信息。

（4）仪表收到 IMMO 认证失败信息，如图 5-1-7 所示。IMMO 模块是电子防盗系统，一旦出现"IMMO 认证失败"，即使智能钥匙正常，也依然无法启动车辆。在吉利帝豪 EV300 纯电动车上，IMMO 模块集成在 PEPS（无钥匙进入/启动控制单元）中。如果 PEPS 收到 IMMO 认证失败信息时，PEPS 通过 CAN 网将 IMMO 认证失败的信息发送给组合仪表，然后组合仪表显示"IMMO 认证失败"的界面。

图 5-1-7　IMMO 认证失败界面

知识拓展

识读比亚迪 e5 电动车组合仪表电路原理图，如图 5-1-8 所示。

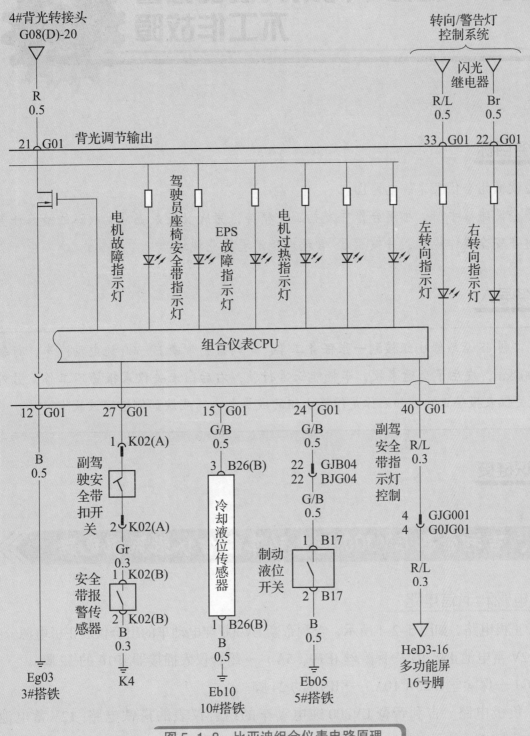

图 5-1-8 比亚迪组合仪表电路原理

任务2　检修车门未关仪表报警不工作故障

任务目标

1. 能读懂组合仪表系统电路图。
2. 能查阅维修手册，小组合作并发扬工匠精神，完成仪表系统常见故障的检修任务。
3. 遵守安全操作规程，并按照6S管理规范清理作业现场。

任务导入

某吉利4S店维修小组接到一张任务工单：一辆吉利帝豪EV300纯电动汽车，行驶里程65 000km，发生了交通事故，车辆能正常行驶，右后门未关仪表报警不工作，另外三个门未关仪表报警正常。如果你是维修小组的成员之一，应该如何检修该故障？

知识链接

一、吉利帝豪EV300纯电动车组合仪表系统电路

1. 电源和通信电路

（1）正极电路。如图5-2-1所示，吉利帝豪EV300纯电动车的组合仪表正极电源分两路。

① 12V 蓄电池正极 B+→保险丝 IF19（5A）→组合仪表插接器 IP16 的 32 脚。

② IG1→保险丝 IF25（10A）→IP16 的 24 脚。

（2）负极电路。吉利帝豪EV300纯电动车的组合仪表的搭铁电路：12V 蓄电池的负极→G14 搭铁点（位于副驾驶前左下方）→组合仪表插接器 IP16 的 16 号线。

（3）通信电路。吉利帝豪EV300电动车组合仪表通过 CAN 网连接到 B-CAN 总线通信系统，IP16 插接器的 30 号和 31 号为 CAN-H 和 CAN-L 线连接到车身控制器（BCM）、安全气囊、PEPS、ESC、EPB 等控制模块。

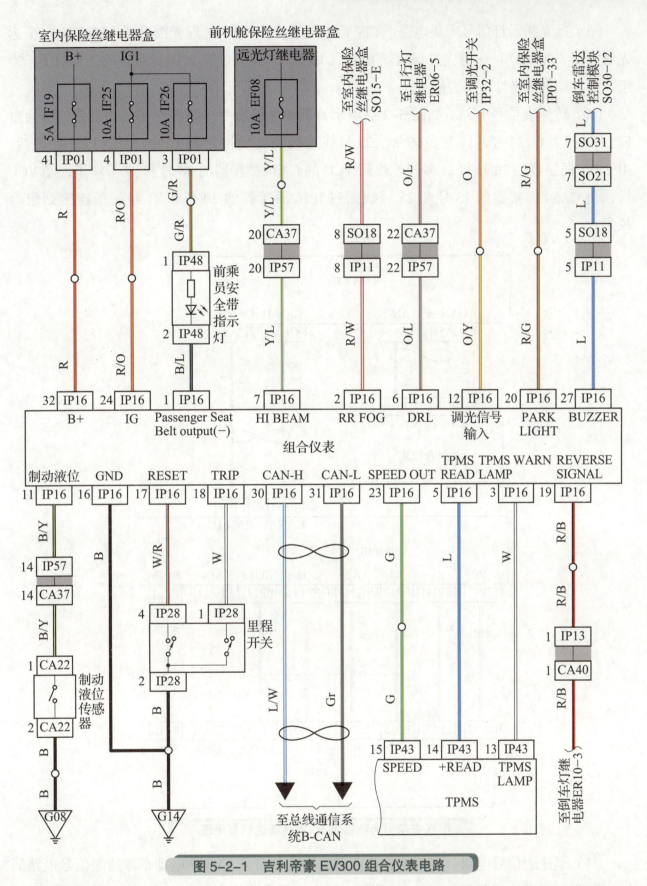

图 5-2-1 吉利帝豪 EV300 组合仪表电路

（4）制动液信号采集电路。IP16 插接器的 11 号端子→制动液位传感器 CA22 插接器 1 号端子→CA22 插接器 2 号端子→G08 搭铁点。

(5)远光指示灯信号采集电路。12V 蓄电池正极(+B)→近光继电器(30、78)→远光继电器(30、87)→远光灯保险丝 EF08(10A)→组合仪表 IP16 插接器的 7 号端子,为组合仪表提供远光灯点亮的信号。

(6)转速表信号电路。如图 5-2-2 所示,驱动电机旋变传感器的正弦和余弦信号通过 EP11 插接器的 24 号、17 号、16 号、23 号线连接到电机控制器(PEU),经 PEU 处理后,由 EP11 插接器的 20 号和 21 号线连接到 VCU 的 CA54 插接器的 38 号和 37 号端子,经 VCU 后,由 CA54 插接器的 13 号和 25 号线通过 IP16 插接器的 30 号和 31 号端子连接到组合仪表。

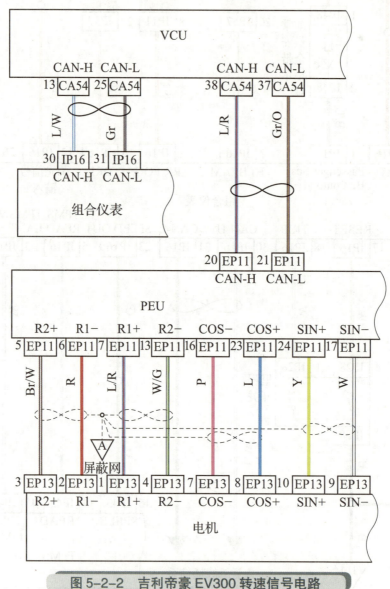

图 5-2-2 吉利帝豪 EV300 转速信号电路

(7)车速表信号电路。如图 5-2-3 所示,为吉利帝豪 EV300 电动车车速表信号电路简图。左前轮速度传感器由 CA10 插接器的 1 号和 2 号线连接到 ESC 的 CA52 插接器的 8 号和 19 号端子;右前轮速度传感器由 CA27 插接器的 1 号和 2 号线连接到 ESC 的 CA52 插接器的 4 号和 16 号端子；左后轮速度传感器由 SO97 插接器的 2 号和 1 号线连接到 ESC 的 CA52 插接器的 18 号和 31 号端子；右后轮速度传感器由 SO77 插接器的 1 号和 2 号线连接到 ESC 的 CA52 插接器的 17 号和 29 号端子。ESC 收到四个轮速传感器的信号后进行计算处理，由 CA52 插接器的 26 号和 14 号线连接到组合仪表的 IP16 插接器的 30 号（CAN-H）和 31 号（CAN-L）端子，再通过组合仪表驱动车速表步进电机带动指针转动相应的角度，以显示相应的车速。

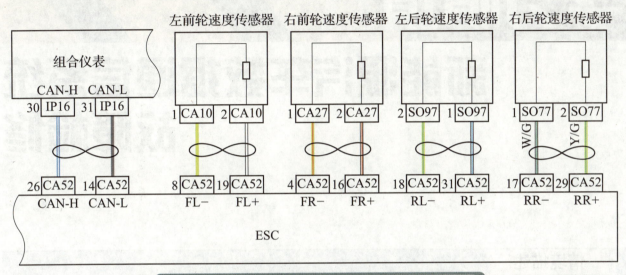

图 5-2-3 吉利帝豪 EV300 车速表信号电路

车门未关仪表报警灯不工作故障检修

学习情境六

新能源汽车数据通信系统故障检修

情境描述

随着新能源汽车电子控制技术的发展，为了减少控制电路导线的数量，减少控制装置的插头芯针数量，提高数据通信系统的可靠性，促使车载网络技术不断发展，车辆上的电控系统的数量不断增加，功能也越来越复杂。新能源汽车常见的车载网络有 LIN、CAN、MOST、X-by-WireFlexRay 和以太网。当车载网络系统出现故障时，很多控制单元将无法通信，相关的系统将无法正常工作。

情境目标

1. 认识新能源车汽车 LIN、CAN 系统。
2. 能读懂新能源汽车 LIN、CAN 总线系统电路图。
3. 能查阅相关资料、小组合作并发扬工匠精神，完成新能源汽车数据总线断路、短路等常见故障检修任务。
4. 遵守安全操作规范，并按照 6S 管理规范清理作业现场。

任务 1　检修新能源汽车 LIN 系统故障

任务目标

1. 认识新能源汽车 LIN 系统。
2. 能读懂新能源汽车 LIN 系统电路图。
3. 能查阅维修手册，能根据现象分析故障原因、写出故障诊断流程图。
4. 能进行小组合作并发扬工匠精神，完成新能源汽车 LIN 系统常见故障检修任务。

任务导入

某吉利 4S 店维修小组接到一张任务工单：一辆 2017 款吉利帝豪 EV300 纯电动汽车，行驶里程 60 500km，近期出现驾驶员侧玻璃升降器不工作的故障现象。维修技师初步诊断为电动车窗 LIN 系统故障，作为新能源汽车维修技师的你，应如何检修该故障？

知识链接

一、LIN 网系统概述

1. LIN 网的发展

LIN（Local Interconnect Network，局域互连网络），是由 Audi、BMW、Daimler-Chrysler、Motorola、Volcano Communications Technologies（VCT）、Volkswagen 和 Volvo 等公司和部门（LIN 联合体）提出的一个汽车底层网络协议，其目的是给出一个价格低廉、性能可靠的低速网，在汽车网络层次结构中作为低端网络的通用协议，并逐渐取代目前各种各样的低端总线系统。这个标准与其相应的开发、测试及维护平台的应用，将会降低车上电子系统开发、生产、使用和维护的费用。

LIN 系统保证网络节点软件与硬件的互用性（Interoperability）和可预测的电磁兼容性（EMC）。LIN 典型的应用是车上传感器和执行器的连网。按 SAE（Society of Automotive

Engineers，美国机动车工程师学会）的车上网络等级标准，LIN 是汽车上的 A 级网络。从某种意义上来讲，LIN 就相当于 CAN 的经济版通信网络，可定位于低于 CAN 的通信层。

2. LIN 总线的特点

LIN 是用于汽车分布式电控系统的一种新型低成本串行通信系统，主要用于智能传感器和执行器的串行通信。LIN 总线的特点主要包括以下几点。

（1）LIN 网络一般使用一根单独的铜线作为传输介质，信号电压在 0~12V。

（2）通信速率 19.2Kbit/s，满足车上大部分的应用需求。

（3）单主多从结构无须仲裁，在 LIN 网中只有主系统有发言权，传输内容包括命令从系统和反馈从系统两项。

（4）基于通用 UART/SCI 的低成本接口硬件，几乎所有 MCU 都具备 LIN 总线的硬件基础。

（5）从节点无须晶振或陶瓷振荡器就可以实现同步，大幅度降低成本。

（6）保证信号传输的延迟时间。

（7）可灵活地增加或减少从节点，无须改变其他节点的硬件电路。

（8）LIN 协议在同一总线上最多可连接 16 个节点，系统中两个电控单元之间的最大距离为 40m。

3. 吉利帝豪 EV300 LIN 数据总线结构

如图 6-1-1 所示为吉利帝豪 EV300 LIN 网络结构。LIN（局域互联网）数据总线是指所有的控制单元都在一个系统总成内，如空调系统、防夹车窗系统、PEPS 系统、中控门锁系统等。

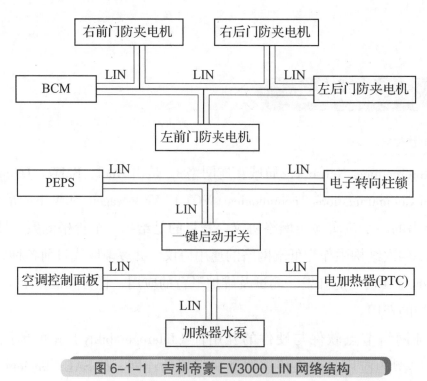

图 6-1-1 吉利帝豪 EV3000 LIN 网络结构

（1）防夹车窗 LIN 系统中 BCM 使用 LIN 总线与前、后、左、右 4 个车门的电动车窗升降电机及诊断接口进行数据通信。

（2）车辆启动 LIN 系统中的 PEPS、一键启动开关和电子转向柱锁等进行数据通信。

（3）空调加热 LIN 总线系统中空调控制面板、电加热器（PTC）和加热器水泵等进行数据通信。

4. LIN 总线的信号

（1）信号隐性电平。如果无信息发送到 LIN 数据总线上或者发送到 LIN 数据总线上的是一个隐性比特，那么数据总线导线上的电压就是蓄电池电压。

（2）信号显性电平。为了将显性比特传到 LIN 数据总线上，发送控制单元内的收发报机将数据总线导线接地，如图 6-1-2 所示。

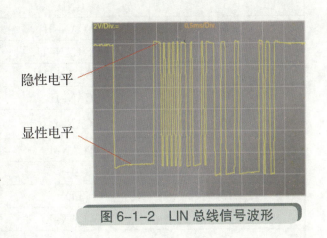

图 6-1-2　LIN 总线信号波形

二、LIN 总线常见的故障

LIN 总线故障引起相关系统因无法正常传输信号而无法正常工作。LIN 网络一般使用一根单独的铜线作为传输介质，信号电压为 0~12V，LIN 总线常见的故障有断路、LIN 线接口接触不良、对地短路或对蓄电池正极电源短路等。LIN 总线故障检查的一般流程是：首先，用故障诊断仪进行故障系统方向的判断；其次，用万用表测量 LIN 数据线的工作电压，正常电压值范围为 0~12V，如果电压值异常可以初步诊断 LIN 总线有断路或短路故障；最后，用示波器测量 LIN 总线信号波形，根据信号波形进一步确认故障原因。

电动车窗 LIN 系统故障检修

知识拓展

一、认识吉利帝豪 EV450 故障诊断接口

如图 6-1-3 所示为吉利帝豪 EV450 纯电动车故障诊断接口线束连接器，其各端子名称见表 6-1-1。

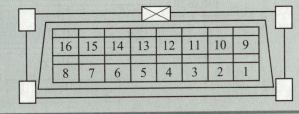

图 6-1-3　吉利帝豪 EV450 故障诊断接口线束连接器

表 6-1-1 诊断接口名称

端子号	端子定义	线束颜色	端子状态
1	C CAN-L	B/W	总线
2	C CAN-H	P/W	总线
3	P CAN-H	Gr/O	动力总线-高
4	GND	B	接地
5	GND	B	接地
6	V CAN-H	Gr	车身总线-高
7	UDS CAN-1L	Y/B	总线
8	UDS CAN-1H	L/R	总线
9	CAN-H	L/W	总线
10	CAN-L	G/R	总线
11	P CAN-L	L/B	动力总线-低
12	—	—	—
13	LIN	V/Y	车窗防夹模块诊断
14	V CAN-L	L/W	车身总线-低
15	—	—	—
16	B+	Y/G	电源

二、认识吉利帝豪 EV450 防夹车窗 LIN 系统和热管理 LIN 系统原理

如图 6-1-4 所示为吉利帝豪 EV450 LIN 系统原理。

（1）防夹车窗 LIN 系统中 BCM 使用 LIN 总线与前、后、左、右 4 个车门的电动车窗升降电机及诊断接口进行数据通信。

（2）热管理 LIN 系统中的热管理控制模块使用 LIN 总线与空调控制器、电加热器 TPC、三通电磁阀、FCP、水泵控制器等进行数据通信。

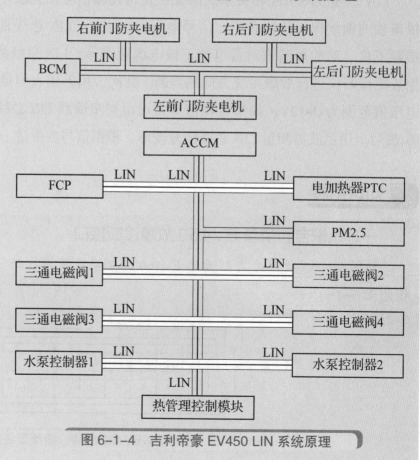

图 6-1-4 吉利帝豪 EV450 LIN 系统原理

三、认识比亚迪 e5 豪华版左前门电动车窗 LIN 总线局部电路（见图 6-1-5）

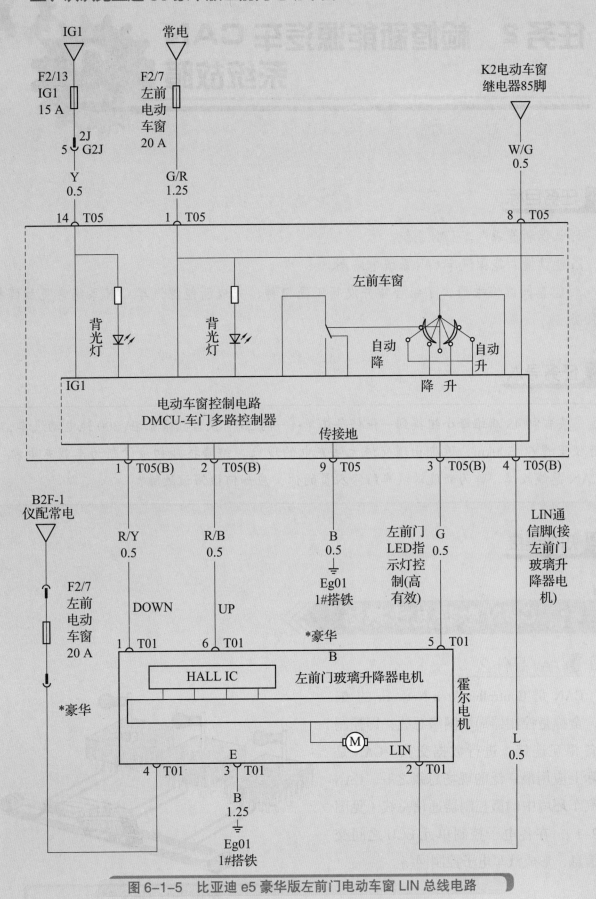

图 6-1-5　比亚迪 e5 豪华版左前门电动车窗 LIN 总线电路

任务2 检修新能源汽车CAN系统故障

任务目标

1. 认识新能源汽车CAN系统。
2. 能读懂新能源汽车CAN系统电路图。
3. 能查阅维修手册，小组合作并发扬工匠精神，完成新能源汽车CAN系统常见故障检修任务。

任务导入

某吉利4S店维修小组接到一张任务工单：一辆2017款吉利帝豪EV300纯电动汽车，行驶里程60 500km，近期出现交流无法充电的现象。维修技师初步诊断为车载充电机CAN总线故障，作为新能源汽车维修人员的你，应如何检修该故障？

知识链接

一、CAN数据总线概述

1. CAN是什么

CAN是Controller Area Network的缩写，全称是控制器局域网络总线，即控制设备相互连接、进行数据交换。CAN是国际上应用最广泛的现场总线之一。CAN是汽车环境中的微控制器通信总线（见图6-2-1），在各电子控制单元ECU之间交换信息，形成汽车电子控制网络。

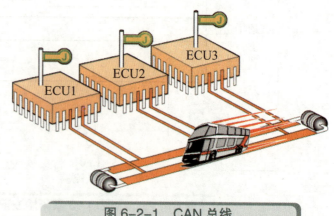

图6-2-1 CAN总线

2. CAN 数据总线的特点

诸如低成本，极高的总线利用率，较远的数据传输距离（可达 10km），较高的数据传输速率（可达 1Mbit/s），可根据信息的 ID 决定接收或屏蔽该信息，可靠的错误处理和检错机制，发送的信息遭到破坏之后可自动重发，各控制单元在错误严重的情况下具有自动退出总线的功能，信息不包含原地址或目标地址，仅用标志符来指示功能信息和优先级信息。

3. CAN 最常用的物理介质是双绞线

信号使用差分电压传送，两条信号线被称为 CAN-H 和 CAN-L，即 CAN 的高位数据线和低位数据线。静态时，两线电压均约 2.5V，此时状态表示为逻辑"1"，也可叫作"隐性"位；工作时，CAN-H 比 CAN-L 高，表示逻辑"0"，称为"显性"位。不管信息量的大小，系统内所有的信息都是通过这两条数据线传输的。

4. CAN 数据总线系统的组成

CAN 数据总线系统由控制器、收发器、两个传输终端和两条数据传输线组成。

5. CAN 数据总线的数据传输

CAN 数据总线的数据传输像一个电话会议，如图 6-2-2 所示。一个电话用户（控制单元）将数据"讲入"网络中，其他用户通过网络"接听"这个数据，对于这个数据感兴趣的控制单元就会利用数据，而其他控制单元则选择忽略。在该网络中，任一控制单元都既可发送数据，又可接收数据。

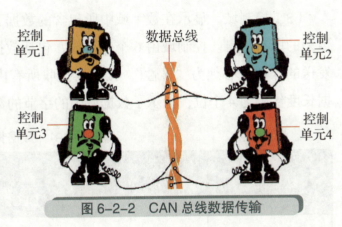

图 6-2-2 CAN 总线数据传输

6. CAN 数据总线传输的数据类型

CAN 数据总线所传输的数据有数据帧、远程帧、错误帧和过载帧 4 种类型。其中数据帧的功能是将数据从发送器传到接收器。数据帧由开始域、仲裁域、控制域、数据域、安全域、应答域、结束域 7 个不同的域组成，如图 6-2-3 所示。

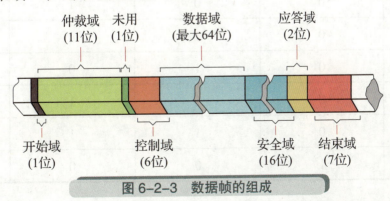

图 6-2-3 数据帧的组成

（1）开始域。开始域标志数据航的起始，仅由一个"品性"（即0）位组成，带有约5V的电压的1位被送入CAN高位传输线，带有约0V电压的1位被送入CAN低位传输线（由系统决定）。

（2）仲裁域。根据识别符判定数据中的优先权。标准格式下识别符长度为11位，此位按ID_10~ID_0的顺序发送，最低位是ID_0。7个高位（ID_10~ID_4）必须不能全是"隐性"。在标准帧里，识别符后是远程发送请求位，该位若为"显性"（即0），代表发送的信息是数据；若为"隐性"（即1）代表发送的信息是数据请求。只要总线空闲，各控制单元均可向总线发送数据，如果各个控制单元要同时发送各自的数据，那么系统必须决定哪一个控制单元先进行发送。系统规定具有最高优先权的数据先发送，标识符的二进制值越小，其优先权就越高。例如，电机控制单元、ABS控制单元、空调控制单元同时向总线发送数据时，三者仲裁域的标识符分别为01010000000、00110100000、10001000000（程序中设置好的），由于ABS控制单元的标识符最小，系统就先发送ABS控制单元发送的数据，此时，发动机控制单元和自动变速器控制单元转化为接收器接收数据。总线一旦空闲，系统会发送其他的数据，但要注意在数据被成功接收之前仍要争取仲裁，即总线发送数据是根据各控制单元的优先权决定的，而不是按请求发送的时间先后来决定。

（3）控制域。显示在数字域中所包含的数据和长度代码，供接收器检查是否已经接收到传来的所有信息。控制域由6个位组成，包括数据长度代码和两个作为扩展用的保留位，所发送的保留位必须为"显性"。接收器接收所有由"显性"和"隐性"组合在一起的位。数据长度代码为4个位，指示了数据域中的字节的数量，如表6-2-1所示。

表 6-2-1 数据长度的表示

数据长度	数据长度代码			
	DLC3	DLC2	DLC1	DLC0
0	0	0	0	0
1	0	0	0	1
2	0	0	1	0
3	0	0	1	1
4	0	1	0	0
5	0	1	0	1
6	0	1	1	0
7	0	1	1	1
8	1	0	0	0

（4）数据域。数据域由数据帧发送的数据组成，可以为0~8个字节，每字节包含8个位（最大为64个位）。该数据可以代表实际的数据，也可以是一个数据请求。

（5）安全域。安全域用来检测传递数据中的错误。汽车CAN系统用于电磁干扰很大的环境，这个环境中的数据最容易丢失或破坏。CAN协议提供了5种错误检测和修正的方法，因此如果数据被破坏，它能够检测出来，而且网络中所有的电控单元都会忽略这个数据。

（6）应答域。在应答域中接收器通知发送器已经正确接收到数据。如果检查到错误，接收器立即通知发送器，发送器再发送一次数据，直到该数据被准确接收为止，但从检测到错误到下一数据的传送开始为止，发送时间最多为29个位的时间。应答域长度为2个位，包含应答间隙和应答界定符，常态下发送两个"隐性"位。当接收器正确地接收到有效的数据时，接收器就会在应答间隙期间内向发送器发送一"显性"位以应答，而应答界定符始终是"隐性"位。

（7）结束域。结束域标志着数据报告结束，由7个"隐性"位组成。这是显示错误并重复发送数据的最后一次机会。

二、吉利帝豪EV300 CAN总线系统

CAN总线的通信介质是双绞线，其中高速CAN总线的通信速率为500kbps，双绞线终端为2只120Ω的电阻。高速CAN总线是差分总线。高速CAN总线串行数据总线中的CAN-H线电压值2.5V或3.5V，CAN-L线电压值1.5V或2.5V。当CAN-H和CAN-L线上的电平都为约2.5V时，被认为是隐性传输数据并解释为逻辑1。当将CAN总线线路驱动至极限时，高速CAN总线串行数据总线（CAN-H）将升高到3.5V，而高速CAN总线串行数据总线（CAN-L）将降到1.5V，极限电压差（3.5V-1.5V=2V）2V被认为是显性传输数据并解释为逻辑0，如图6-2-4所示。

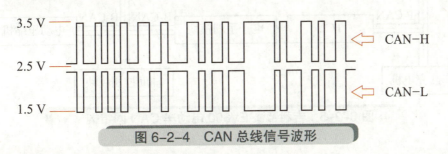

图6-2-4　CAN总线信号波形

发送CAN信号时，电流从控制器的发送端流到CAN-H线，经过终端电阻流入CAN-L线，再返回控制器的接收端。如果通信信号丢失，程序将针对各控制模块设置失去通信故障诊断码。该故障诊断码可被故障诊断仪读取。注意，串行数据丢失故障诊断码不表示设置该故障诊断码的模块有故障。

1. CAN 总线在吉利帝豪 EV300 上的应用

吉利帝豪 EV300 车辆有 2 路 CAN 通信总线。CAN 总线网络由以下部件组成：BCM、诊断接口（DLC）、ACM（辅助控制模块）、ACU（安全气囊模块）、ABS/ESP、VCU（整车控制器）、PEPS、TCU、BMS（电池控制单元）、TEM、PEU（电机控制器）、组合仪表、空调控制器、EPB（电子驻车模块）、转向角传感器、电动压缩机、DVD、EPS（电动助力转向）、低速预紧控制路、远程监控模块、OBC（车载充电机）等。吉利帝豪 EV300 电动车 CAN 网结构如图 6-2-5 所示。

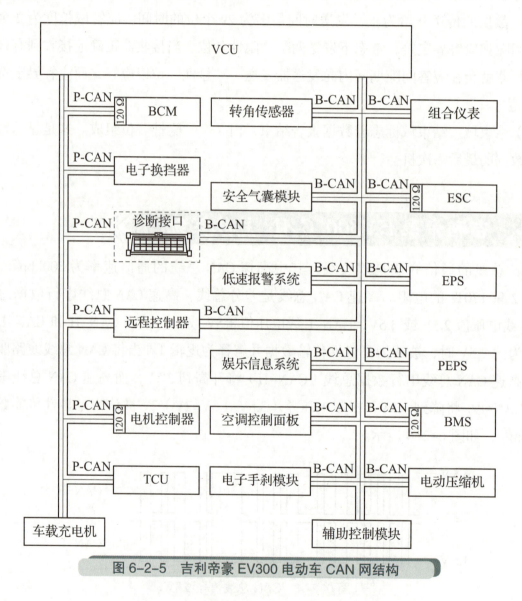

图 6-2-5　吉利帝豪 EV300 电动车 CAN 网结构

2. 吉利帝豪 EV300 通信网络电路图

如图 6-2-6 所示为吉利帝豪 EV300 CAN 通信网络部分电路。

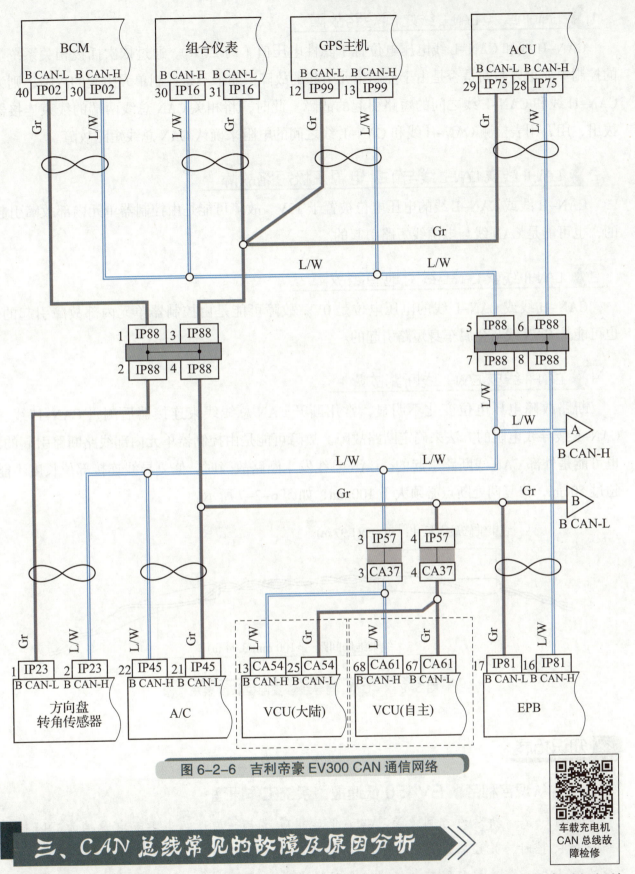

图 6-2-6 吉利帝豪 EV300 CAN 通信网络

三、CAN 总线常见的故障及原因分析

CAN 总线是新能源汽车各控制单元之间主要的信息传输通道,CAN 总线故障引起相关系统因无法正常传输信号而无法正常工作。CAN 总线常见的故障及分析如下。

1. CAN-H 线和 CAN-L 线之间短路故障

CAN-H 线和 CAN-L 线电压电位置于隐性电压值（约 2.5V）。通过依次插拔相关系统上的控制单元可以判断是否是由于控制单元引起的故障；如果不是控制单元引起的故障，则为 CAN-H 线和 CAN-L 线之间的短路引起的故障。此时，将相关 CAN 总线两端的线束连接器拔出，用万用表检测 CAN-H 线和 CAN-L 线之间的电阻来确认 CAN 总线短路故障。

2. CAN-H 线或 CAN-L 线与 12V 电源正极短路故障

CAN-H 线或 CAN-L 线的电压电位被置于 12V。故障可能是由控制器单元内部故障引起的，也可能是 CAN 线与电源线短路引起的。

3. CAN-H 线或 CAN-L 线对地短路故障

CAN-H 线或 CAN-L 线的电压电位是 0V。故障可能是由控制器单元内部故障引起的，也可能是 CAN 线与金属车身短路引起的。

4. CAN-H 线或 CAN-L 线断路故障

断路故障电压电位变化不明显，常用断开 CAN 总线线束连接器后测量 CAN-H 线和 CAN-L 线导线电阻的方法来确定断路故障。故障可能是由控制器单元内部线路断路引起的，也可能是外部 CAN 线断路引起的。CAN 总线发生断路故障时，修复导线连接部位长度不能超过 50mm，修复两处断点必须大于 100mm，如图 6-2-7 所示。

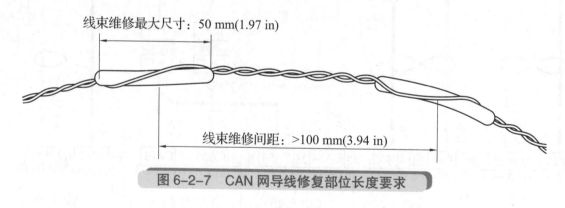

图 6-2-7　CAN 网导线修复部位长度要求

知识拓展

一、认识吉利帝豪 EV450 低速报警系统工作原理

如图 6-2-8 所示为吉利帝豪 EV450 低速报警器电气原理。当车辆电源挡为 ON 挡，非 P 和 R 挡时，并且车速低于 30km/h 时，低速报警器启动。当车辆电源挡为 ON 挡，挡位为 R 挡时，低速报警器驱动低速报警器扬声器来警示行人。车辆挡位和车速等信息通过 CAN 总线获取。

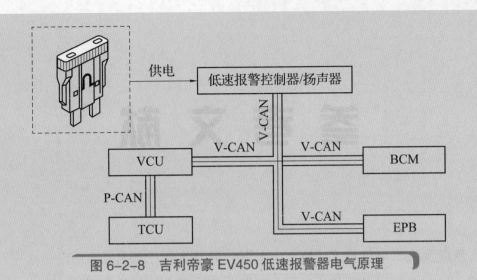

图 6-2-8　吉利帝豪 EV450 低速报警器电气原理

二、认识比亚迪 e5 启动 CAN 网电路图（见图 6-2-9）

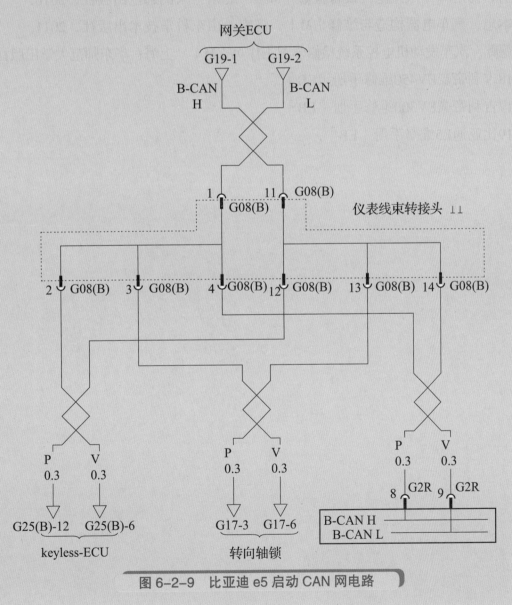

图 6-2-9　比亚迪 e5 启动 CAN 网电路

参考文献

［1］谭婷. 新能源汽车电气技术［M］. 上海：同济大学出版社，2020.

［2］杨静锦. 汽车电气设备检修［M］. 上海：华东师范大学出版社，2017.

［3］张明，杨定峰. 汽车电气设备检修［M］. 北京：人民邮电出版社，2016.

［4］谭本忠. 汽车电器构造与维修［M］. 济南：山东科学技术出版社，2011.

［5］朱德乾. 汽车发动机电控系统检修学习工作页［M］. 上海：华东师范大学出版社，2017.

［6］2018吉利帝豪EV450维修手册［EB］.

［7］2017吉利帝豪EV300维修手册［EB］.

［8］2019比亚迪E5维修手册［EB］.

目 录

学习情境一　新能源汽车电气设备检修基础 ··············· 1
　　任务 1　识读新能源汽车电路 ························· 1
　　任务 2　认识新能源汽车电气检测仪器及故障诊断 ··········· 7

学习情境二　新能源汽车低压电源系统故障检修 ············ 12
　　任务 1　检修新能源汽车 12V 蓄电池亏电故障 ············· 12
　　任务 2　检修新能源汽车无钥匙进入和启动系统故障 ·········· 16

学习情境三　新能源汽车照明与信号系统故障检修 ··········· 21
　　任务 1　检修新能源汽车前照灯不工作故障 ················ 21
　　任务 2　检修新能源汽车转向灯不工作故障 ················ 30

学习情境四　新能源汽车辅助电气系统故障检修 ············ 38
　　任务 1　检修新能源汽车刮水器不工作故障 ················ 38
　　任务 2　检修新能源汽车电动车窗不工作故障 ·············· 43
　　任务 3　检修新能源汽车电动座椅不工作故障 ·············· 49
　　任务 4　检修新能源汽车电动天窗不工作故障 ·············· 55

学习情境五　新能源汽车仪表与报警系统故障检修 ··········· 61
　　任务 1　认识新能源汽车仪表与报警系统 ················· 61
　　任务 2　检修车门未关仪表报警不工作故障 ················ 67

学习情境六　新能源汽车数据通信系统故障检修 ············ 74
　　任务 1　检修新能源汽车 LIN 系统故障 ·················· 74
　　任务 2　检修新能源汽车 CAN 系统故障 ·················· 79

学习情境一　新能源汽车电气设备检修基础

任务1　识读新能源汽车电路

【任务导入】

某吉利4S店售后维修小组接到一张任务反馈：一辆2017款吉利帝豪EV300纯电动车，行驶里程32 000km，因交通追尾事故，现出现前照灯不亮故障。要检修该电路故障，先要读懂吉利帝豪EV300灯光系统电路图并分析其故障原因，然后在车辆上找到相关器件和线束进行测量、诊断及修复。通过本任务的学习能够掌握查看新能源汽车电路图的方法，并能在实车上找出主要车身电气系统的熔断丝、继电器、配电盒、控制单元及各种线束的位置等，为新能源汽车检修奠定基础。

【任务目标】

1. 能描述新能源汽车电路的基本组成和主要元件。
2. 能看懂新能源汽车电路图。
3. 能查找维修手册资料，小组合作并发扬工匠精神，在实车上找出各电气系统的熔断丝、继电器、配电盒、控制单元、用电器及各种线束的位置。

【任务实施】

一、任务方案制订

查阅吉利帝豪EV300纯电动车维修手册，制订在新能源实训车辆或台架上查找辅助蓄电池、机舱熔断丝继电器盒、室内熔断丝继电器盒、喇叭熔断器、喇叭继电器、喇叭开关、高低音喇叭及各种线束的位置的任务方案。

二、实施准备工作

吉利帝豪EV300维修手册、安全防护工具、新能源汽车电气检修套装工具、实训车辆或实训台架等。

三、详细操作步骤

Step1 识读吉利帝豪EV300喇叭电路，如图1-1-1所示。

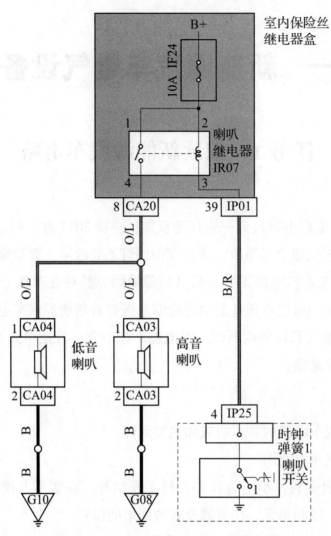

图 1-1-1 吉利帝豪 EV300 喇叭电路

Step2 组装三件套、翼子板布和前格栅布，放置三角木，确认驻车制动。

完成情况：□完成

□未完成，原因：_____

Step3 查找辅助蓄电池、机舱熔断丝继电器盒、室内熔断丝继电器盒。

完成情况：□完成

□未完成，原因：_____

Step4 查找喇叭继电器、喇叭开关。

完成情况：□完成

□未完成，原因：_____

Step5 查找高低音喇叭。

完成情况：□完成

□未完成，原因：_____

Step6 按照 6S 管理规范清理作业现场。

完成情况：□完成
　　　　　□未完成，原因：_____

【任务反馈】

一、判断题

1. 汽车电路图是一种将汽车电器和电子设备用图形符号和代表导线的线条连接在一起的关系图，主要有 4 种表现形式：接线图、线束图、原理框图和电路原理图。（　　）

2. 在汽车电路图的识读时，要特别注意电路图中的图注，熟悉有关元器件名称及其在图中的位置、数量和接线情况。（　　）

3. 新能源汽车高压系统电路与低压系统电路共用搭铁线。（　　）

二、单选题

1. 下列说法中不正确的是（　　）。

A. 汽车电路原理图是用标准电器符号按照汽车电气系统的工作特性及相互的内在联系，通过导线合理地连接起来的电路图。

B. 一般来讲，各电气系统的电源和电源总开关是公共的，任何一个系统都应该是一个完整的电路，都应遵循回路的原则。

C. 目前，世界上各国生产的汽车大多数采用负极搭铁方式。低压电源系统负极搭铁，而高压电源负极不搭铁。

D. 线束图表明了电路线束与各用电器的连接部位、接线柱的标记、线头、插接器的形状及位置等，是人们在汽车上能够实际接触到的汽车电路图。

2. 下列属于汽车电路识图方法要点的是（　　）。

A. 熟悉图注　　　　　　　　　　B. 注意开关
C. 回路原则　　　　　　　　　　D. 前面三项都是

三、填空题（认识新能源汽车常见的电气符号，完成下表图标对应名称的填写）

符号	名称	符号	名称	符号	名称
G7					

续表

符号	名称	符号	名称	符号	名称
⎯⌇⎯		⎯⌇⎯		▱	
⎯⌇⎯		⎯⌇⎯		⎯⌇⎯	
∞		⎯/⎯		⎓	
(M)⎯/		⎓		⎓	
▷⊢		▷⊢		▷⊢	
(M)		✛		▱	
⊏)		▱		▱	

四、识图题（将图 1-1-2 中的注释标号对应的含义填写到对应的表格中）

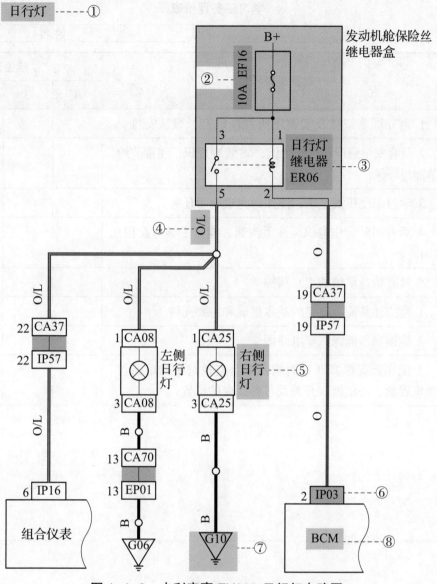

图 1-1-2　吉利帝豪 EV300 日行灯电路图

注释标号	含义说明
①	
②	
③	
④	
⑤	
⑥	
⑦	
⑧	

【学习任务评价】

学习任务评价表

班级_____ 小组_____ 学号_____ 姓名_____

	主要测评项目	学生自评			
		A	B	C	D
关键能力	1. 遵守课堂纪律及实训场所管理规定，服从安排				
	2. 具有安全意识、责任意识、6S管理意识，注重节约、节能与环保				
	3. 学习态度积极主动，能按时完成学习任务				
	4. 具有团队合作意识，注重沟通，能自主学习及相互协作				
	5. 具有精益求精的工匠精神				
专业知识与能力	1. 能描述新能源电路的基本组成和主要元件				
	2. 能读懂新能源汽车电路图				
	3. 能在新能源实训车辆或台架上查找对应的熔断丝、继电器盒、用电器、开关及各种线束的位置				
个人自评					
小组互评					
教师评价		总评成绩			

教师签字： 日期：

任务 2　认识新能源汽车电气检测仪器及故障诊断

【任务导入】

某吉利 4S 店售后维修小组接到一张任务反馈：一辆吉利帝豪 EV300 纯电动车，行驶里程 42 000km，因交通追尾事故，导致高压无法上电故障。维修技师初步诊断故障原因为高压电路漏电。在这次检修任务中，需要用到汽车专用万用表、绝缘电阻测量仪等，如果你是维修技师，将如何使用这些仪器进行高压电路的绝缘电阻的测量？

【任务目标】

1. 认识汽车电路故障的基本形式。
2. 掌握万用表、数字兆欧表、示波器等常用仪器的使用方法。
3. 掌握新能源汽车电气故障常用诊断方法。
4. 能进行小组合作并发扬工匠精神，按照安全操作规范完成新能源汽车高压器件的绝缘测试任务。

【任务实施】

一、任务方案制订

查阅吉利帝豪 EV300 维修手册，制订在新能源实训车辆（或新能源汽车实训台架）上测量高压部件绝缘电阻的任务方案。

二、实施准备工作

吉利帝豪 EV300 纯电动车维修手册、高压安全防护工具、汽车专用万用表、数字式兆欧表、新能源汽车检修套装工具、新能源实训车辆或台架。

三、详细操作步骤

Step1 高压测试点准备。

①组装三件套、翼子板布和前格栅布，放置三角木，确认驻车制动。
②操作车辆启动开关使电源模式至 OFF 状态。
③断开蓄电池负极电缆，等待 5~10min。
④佩戴绝缘手套，打开高压分电盒端盖。
⑤用万用表测量高压分电盒内部高压线路的直流电压值，确保高压电已下电。

完成情况：□完成
　　　　　□未完成，原因：_____

Step2 测量仪表准备。

①检查兆欧表连接线的绝缘层是否完好，连接兆欧表测试线。

②按"ON/OFF"开机，将测试挡位调至100V挡位。

③开路和短路测试检验数字式兆欧表的性能。

完成情况：□完成

□未完成，原因：_____

Step3 测量绝缘电阻值。

①佩戴绝缘手套，将兆欧表测试线连接到高压分电盒测试点，如图1-2-1所示。

②将测试挡位调至500V挡位。

③按下"TEST"键，显示屏显示146 MΩ。当空气相对湿度≤90%时，标准值≥20MΩ。

完成情况：□完成

□未完成，原因：_____

图1-2-1　绝缘电阻测量

四、任务小结

新能源汽车高压系统的绝缘性能测试，是新能源汽车检修过程中重要的检测项目之一。在绝缘电阻测量过程中，首先要保证人员、器件和设备的安全，严格执行安全操作规范。

【任务反馈】

一、判断题

1. 使用兆欧表前不必切断被测设备的电源。（　　）

2. 兆欧表可以测量线路或设备的绝缘性能。（　　）

3. 进行新能源汽车绝缘性能测试时，将测试导线与电路或设备连接时，连接带电导线前先连接测试导线，拆下测试导线时，要先断开公共测试导线。（　　）

4. 兆欧表的选用原则是按被测电气设备或线路的电压等级选用测试电压挡位，100~500V以下的电气设备选用500V挡位，500V以上的选用1 000V挡位。（　　）

5. 电路接触不良是指导线连接不牢固，而表现的虚接（似接非接），是电路断路的一种表现形式，在汽车电路故障维修中此现象较多。（　　）

6. 用万用表测量电阻值时可带电测量。（　　）

二、选择题

1. 兆欧表使用前检查的正常结果是（　　）。
   A. 开路检查为∞　　B. 开路检查为0　　C. 短路检查为∞　　D. 短路检查为0

2. 用万用表（　　）挡测量新能源汽车DC/DC转换器输出端的电压值，来诊断高压正常上电的条件下DC/DC转换器工作是否正常（电压值13~14V为正常）。
   A. 直流电压　　B. 交流电压　　C. 电阻　　D. 直流电流

3. 用万用表电阻挡测量线束的电阻值，如果测量某条线束的电阻值小于（　　）Ω，则说明该条线束阻值正常。
   A. 0　　B. 1　　C. ∞　　D. 无法确定

4. 测量新能源汽车电源电路的电流时，一般选用（　　）。
   A. 钳型万用表　　B. 示波器　　C. 接地电阻测试仪　　D. 兆欧表

5. 万用表测量电路的直流电压时，红黑表笔接到被测电路的两端，显示屏上若显示"1."，则表明量程（　　），则选择（　　）的量程后再测量。
   A. 过大　更小　　B. 过小　更大　　C. 适中　更小　　D. 无法确定　更大

三、实操题（小组合作并发扬工匠精神，完成用万用表检测继电器的工作任务）

1. 任务分工及实施方案

_____
_____
_____
_____

2. 具体操作步骤

（1）检查万用表性能。

具体步骤：①将红表笔插入"_____"插孔，黑表笔插入插入"_____"插孔。

②_____

检查结果：□正常
　　　　　□异常，处理措施：_____

（2）检查继电器励磁线圈。

具体步骤：①将功能/量程转换开关置于_____挡，红黑表笔分别接到继电器励磁线圈的两端，如图1-2-2所示。

②测量数据为_____Ω，标准值：_____。

检查结果：□正常
　　　　　□异常，处理措施：_____

图 1-2-2　用万用表测量继电器励磁线圈的电阻

（3）检查继电器的触点开关。

具体步骤：①将万用表的功能/量程转换开关置于_____挡，测量继电器触点 30 和 87 端之间的电阻值。

②测量数据为_____Ω，标准值：_____。

检查结果：□正常

　　　　　□异常，处理措施：_____

（4）动态检查继电器。

具体步骤：①将继电器励磁线圈两端（85、86）接上 12V 电源。

②用万用表测量继电器常开触点 30 与 87 端之间的电阻，测量数据为_____Ω，标准值：小于 1Ω。测量继电器常闭触点 30 与 87a 端之间的电阻，测量数据为_____Ω，标准值：∞。

③断开继电器励磁线圈两端（85、86）的 12V 电源，用万用表测量继电器常开触点 30 与 87 端之间的电阻，测量数据为_____，标准值：∞。测量继电器常闭触 30 与 87a 端之间的电阻，测量数据为_____Ω，标准值：小于 1Ω。

检查结果：□正常

　　　　　□异常，处理措施：_____

3. 任务小结

（1）故障点及处理方法：_____

_____

_____

（2）故障诊断思路总结：_____

_____

_____

_____

【学习任务评价】

学习任务评价表

班级_____　　小组_____　　学号_____　　姓名_____

	主要测评项目	学生自评			
		A	B	C	D
关键能力	1. 遵守课堂纪律及实训场所管理规定，服从安排				
	2. 具有安全意识、责任意识、6S 管理意识，注重节约、节能与环保				
	3. 学习态度积极主动，能按时完成学习任务				
	4. 具有团队合作意识，注重沟通，能自主学习及相互协作				
	5. 具有精益求精的工匠精神				
专业知识与能力	1. 能掌握数字万用表的使用方法和技巧				
	2. 能规范使用兆欧表测量新能源汽车电气系统的对地绝缘性，并检修维护				
	3. 能掌握双通道示波器的使用方法				
个人自评					
小组互评					
教师评价		总评成绩			

教师签字：　　　　　　　　　　　　　　　　　　　　　　日期：

学习情境二　新能源汽车低压电源系统故障检修

任务1　检修新能源汽车12V蓄电池亏电故障

【任务导入】

某新能源4S店售后维修小组接到一张任务反馈：一辆2017款吉利帝豪EV300新能源汽车，行驶里程75 000 km，突然出现车辆无法启动故障，维修技师初步断定为12V辅助电池亏电故障。作为技师的你，应如何检修该故障？

【任务目标】

1. 能描述新能源汽车12V电源系统的组成。
2. 掌握新能源汽车12V电源系统故障的检修方法。
3. 能小组合作并发扬工匠精神，按照维修手册安全操作规范，完成新能源汽车12V电池亏电故障检修任务。

【任务实施】

一、任务方案制订

查阅吉利帝豪EV300纯电动车维修手册，制订新能源汽车12V电池亏电故障检修任务方案。

二、实施准备工作

吉利帝豪EV300纯电动车维修手册、新能源汽车实训车辆或台架、新能源电气设备检修工具和仪器、安全防护工具等。

三、详细操作步骤

Step1 组装三件套、翼子板布和前格栅布，放置三角木，确认驻车制动。

完成情况：□完成
　　　　　□未完成，原因：_____

Step2 检查12V蓄电池。

用万用表测量蓄电池电压，测量值为10V，表明蓄电池亏电。标准值：11~14V。

完成情况：□完成
　　　　　□未完成，原因：_____

Step3 更换蓄电池或补充充电。

更换电量充足的蓄电池或给 12V 蓄电池补充充电。

完成情况：□完成

□未完成，原因：_____

Step4 测量 12V 蓄电池的电压值。

①启动车辆，车辆高压上电正常。

②用万用表测量 12V 辅助蓄电池两极之间的电压值，正常值约为 14V，实际测量值为 12.4V，说明 12V 蓄电池充电系统工作异常。

完成情况：□完成

□未完成，原因：_____

Step5 测量 DC/DC 转换器输出电压值。

①启动车辆，车辆高压上电正常。

②用万用表测量 DC/DC 转换器输出端正负极之间的电压值，如图 2-1-1 所示，正常值约为 14V，测量数据为 13.8V，说明 DC/DC 工作正常。

完成情况：□完成

□未完成，原因：_____

图 2-1-1　吉利帝豪 EV300 纯电动车 DC/DC 输出端位置

Step6 检查 DC/DC 转换器到 12V 蓄电池之间的线束。

①操作车辆启动开关，使电源模式至 OFF 状态。

②检查 DC/DC 转换器到 12V 蓄电池之间的线束，处理断路和接触不良故障。

完成情况：□完成

□未完成，原因：_____

四、任务小结

新能源汽车 12V 辅助蓄电池亏电故障主要原因及处理方法如下。

（1）12V 蓄电池本身故障，导致储电性能下降。可以用专用检测仪或高频放电计确定蓄电池的性能。如果蓄电池储电性能不达标则更换蓄电池；如果蓄电池储电性能正常，只是电量不足，则给蓄电池充电。

（2）充电系统工作异常，无法给12V蓄电池充电。新能源汽车将动力电池的高压直流电通过DC/DC转换器转换成低压直流电给车载12V电源系统电器供电，同时给12V辅助蓄电池充电。当车辆12V系统电器使用的功率大于DC/DC转换器输出功率时，蓄电池协助DC/DC转换器供电而满足车辆低压用电器的用电的需求。首先，检查DC/DC转换器是否能正常工作，其正常工作时能输出约14V的直流电，否则检查DC/DC输入电源和内部电路；其次，检查DC/DC低压输出的电路，更换或修复故障线束。

【任务反馈】

一、选择题

1. 混合动力汽车和纯电动汽车一般采用（　　）转换器替代了传统汽车的交流发电机。
A. AC/DC　　　　B. DC/AC　　　　C. DC/DC　　　　D. AC/AC

2. 关于蓄电池亏电故障不可能的原因是（　　）。
A. 蓄电池本身故障　　　　　　　　B. DC/DC内部电路故障
C. 充电线路故障　　　　　　　　　D. 电机控制器故障

二、判断题

1. 新能源汽车上12V的铅酸蓄电池是由6个单格电池串联而成的，每个单格电池的额定电压为2V。（　　）

2. DC/DC转换器将直流高压转换为12V的直流电，为汽车低压电器供电，同时为12V辅助蓄电池充电。（　　）

3. 蓄电池电眼内有两个密度球，一个红色和一个绿色，它们随着密度的变化而升降，显示不同的颜色。（　　）

三、简答题

1. 简述新能源汽车12V蓄电池补充充电流程。

2. 如何判断DC/DC转换器工作异常？

【学习任务评价】

学习任务评价表

班级_____ 小组_____ 学号_____ 姓名_____

	主要测评项目	学生自评			
		A	B	C	D
关键能力	1. 遵守课堂纪律及实训场所管理规定，服从安排				
	2. 具有安全意识、责任意识、6S管理意识，注重节约、节能与环保				
	3. 学习态度积极主动，能按时完成学习任务				
	4. 具有团队合作意识，注重沟通，能自主学习及相互协作				
	5. 具有精益求精的工匠精神				
专业知识与能力	1. 能描述新能源汽车12V电源系统的组成				
	2. 能描述辅助蓄电池的结构组成				
	3. 能规范检修新能源汽车12V蓄电池亏电故障				
个人自评					
小组互评					
教师评价		总评成绩			

教师签字：   日期：

任务2　检修新能源汽车无钥匙进入和启动系统故障

【任务导入】

某新能源4S店售后维修小组接到一张任务反馈：一辆2017款吉利帝豪EV300纯电动汽车，行驶里程60 000km，因发生被追尾事故，无钥匙进入系统功能正常，低压电源无法上电，车辆无法启动。作为新能源汽车维修技师的你，应如何检修该故障？

【任务目标】

1. 熟悉新能源汽车无钥匙进入和启动系统的基本组成。
2. 掌握新能源汽车无钥匙进入和启动系统的工作原理。
3. 能查找维修手册，小组合作并发扬工匠精神，完成新能源汽车无钥匙进入和启动系统常见故障检修任务。

【任务实施】

一、任务方案制订

查阅吉利帝豪EV300维修手册，小组分工合作并发扬工匠精神，制定新能源汽车无钥匙进入和启动系统故障检修任务方案。

二、实施准备工作

吉利帝豪EV300维修手册、新能源汽车电气检修仪器工具、新能源汽车故障诊断仪、汽车专用万用表、吉利帝豪纯电动实训整车或实训台架。

三、详细操作步骤

Step1 确认故障现象：车辆无钥匙进入系统正常，按下起动开关，电源状态无法从OFF切换到ACC或者ON，即车辆无法上电，车辆无法启动。

完成情况：□完成
　　　　　□未完成，原因：_____

Step2 查看维修手册，分析启动上电流程（见图2-2-1）。

完成情况：□完成
　　　　　□未完成，原因：_____

Step3 分析故障原因。

无钥匙进入和启动系统故障常见的原因有：

① 12V蓄电池亏电，电压难以维持PEPS控制器工作。
② PEPS系统电源熔断器熔断。
③ 智能钥匙电池电量过低。

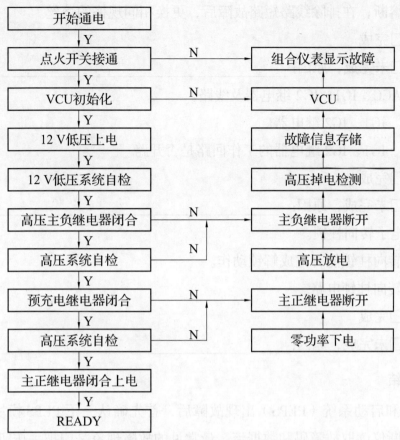

图 2-2-1 吉利帝豪 EV300 纯电动车车上电流程

④ ESCL 供电或线路故障。

⑤ ACC、IG 继电器及相关电路故障。

完成情况：□完成

□未完成，原因：_____

Step4 检查智能钥匙。

①用智能钥匙遥控车门开/闭锁，工作正常。验证无钥匙进入系统工作正常。

②检查智能钥匙电池电量。此时将智能钥匙放入备用天线处，可以启动车辆，则确认智能钥匙电池电低，更换遥控钥匙电池即可。

完成情况：□完成

□未完成，原因：_____

Step5 检查 12V 辅助蓄电池的电压。

用万用表测量蓄电池电压，正常值是 11~14V。若电压过低，PEPS 控制器无法工作，则给蓄电池补充充电，或更换 12V 蓄电池。并试车检查是否可以解决问题。

完成情况：□完成

□未完成，原因：_____

Step6 检查 PEPS 系统供电熔断器。

①用万用表检测 PEPS 系统供电熔丝是否熔断，检查线路是否有短路故障。

②如果熔丝熔断，在排除线路短路故障后，更换相同规格的熔丝。

完成情况：□完成

□未完成，原因：_____

Step7 检查 ACC、IG1、IG2 继电器及线路。

①检查 ACC、IG1、IG2 继电器。

②检查 ACC、IG1、IG2 继电器的工作回路是否开路。

完成情况：□完成

□未完成，原因：_____

Step8 检查电子转向柱锁。

①检查电子转向柱锁能否完成解锁动作。

②检查电子转向柱锁电路。

完成情况：□完成

□未完成，原因：_____

四、任务小结

无钥匙进入和启动系统（PEPS）出现故障后，首先确认一下 PEPS 模块是否工作正常，可以通过专用诊断仪读取故障码和数据流。最常见的故障现象是门把手按钮无反应或者车辆检测不到钥匙，则需要根据相应的故障码检查相关天线、线束、模块等。一般常见故障原因是线束插头进水和门把手开关损坏。

【任务反馈】

一、选择题

1.无钥匙进入及启动系统简称（　　），是适应汽车防盗系统发展而推出的新型智能电子防盗系统。

　　A. ACC　　　　　　B. EPS　　　　　　C. ESP　　　　　　D. PEPS

2.PEPS 控制单元是无钥匙进入的主控单元，也是钥匙授权识别代码的解码器。PEPS 控制单元的主要功能有（　　）。

　　A. 用于控制和监测无钥匙进入系统

　　B. 使用外部天线和内部天线来与遥控钥匙进行通信

　　C. 用于检查遥控钥匙的标识，并传输信号给 BCM 控制车门上锁/解锁

　　D. 向外发送低频信号，搜索附近是否有钥匙

3.当出现以下（　　）情况时无钥匙启动系统将无法工作。

　　A. 智能钥匙没电

B. 无钥匙启动系统功能异常

C. 车辆所处环境中存在与遥控门锁发射器频率近似的无线电波波段干扰信号

D. 车载12V蓄电池亏电

二、判断题

1. PEPS系统一般有5个天线，2个前门把手总成中有两个外部天线，室内有3个天线。（　　）

2. 天线的主要作用是激发智能钥匙，使智能钥匙发送密码给PEPS控制单元进行验证。（　　）

3. 汽车启动时，PEPS控制单元识别合法钥匙之后，PEPS控制单元传输信号给电子转向柱锁，通过转向柱锁中的小型电机来实现转向柱的上锁/解锁功能。（　　）

4. 无钥匙进入和启动功能可以使驾驶员拉门把手即可进入车辆，并使用一键式启动按钮启动车辆。（　　）

5. 当驾驶员拉动门把手时，无钥匙进入和启动模块（PEPS）检测周围遥控钥匙（FOB）的有效性，遥控钥匙发出信号回应车辆，不能使车身控制模块解锁所有车门。（　　）

6. 当驾驶员按下启动开关，无钥匙进入和启动模块检测周围遥控钥匙（FOB）的有效性，遥控器发出信号回应车辆，以解锁转向柱电子锁（ESPL），此时，若所有信息有效，无钥匙进入和启动模块将控制相关的继电器以启动车辆。（　　）

7. 智能钥匙可接受也可发送信号，发出的高频信号激活PEPS控制单元，使PEPS控制单元接受来自智能钥匙传递的密码并进行验证。（　　）

三、简答题

简述如图2-2-2所示的PEPS系统的工作过程。

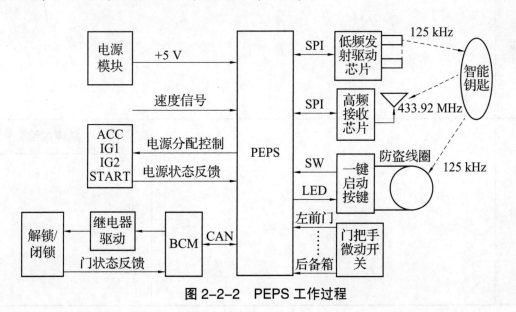

图2-2-2　PEPS工作过程

【学习任务评价】

学习任务评价表

班级_____ 小组_____ 学号_____ 姓名_____

	主要测评项目	学生自评			
		A	B	C	D
关键能力	1.遵守课堂纪律及实训场所管理规定,服从安排				
	2.具有安全意识、责任意识、6S管理意识,注重节约、节能与环保				
	3.学习态度积极主动,能按时完成学习任务				
	4.具有团队合作意识,注重沟通,能自主学习及相互协作				
	5.具有精益求精的工匠精神				
专业知识与能力	1.能描述新能源汽车PEPS系统的组成和工作原理				
	2.能读懂新能源汽车PEPS系统电路图				
	3.能规范检修新能源汽车PEPS系统常见的故障				
个人自评					
小组互评					
教师评价		总评成绩			

教师签字: 日期:

学习情境三　新能源汽车照明与信号系统故障检修

任务1　检修新能源汽车前照灯不工作故障

【任务导入】

某4S店售后维修小组接到一张任务工作单：一辆2017款吉利帝豪EV300纯电动车辆，行驶里程65 000 km，在夜间行驶过程中突然出现前照灯不工作故障。如果你是维修小组的成员之一，应该如何检修该故障？

【任务目标】

1. 能描述新能源汽车照明系统的组成。
2. 能看懂照明灯系统电路图，熟悉电路工作原理。
3. 掌握新能源汽车前照明系统故障检修的方法。
4. 能查阅维修手册，小组合作并发扬工匠精神，完成新能源汽车前照灯不工作故障的检修任务。

【任务实施】

一、任务方案制订

查阅吉利帝豪EV300纯电动车维修手册，制订近光灯不工作故障检修的任务方案。

二、实施准备工作

吉利帝豪EV300纯电动车维修手册、新能源汽车实训车辆或台架、新能源电气设备检修工具和仪器、安全防护工具等。

三、详细操作步骤

Step1 绘制电路简图。

①查阅维修手册。

②绘制近光灯电路简图，如图3-1-1所示。

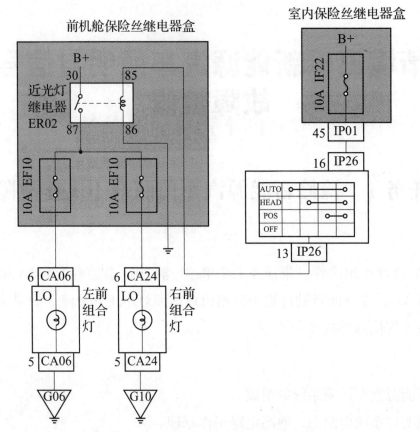

图 3-1-1 吉利帝豪 EV300 近光灯电路

Step2 分析近光灯控制电路。

（1）近光灯控制回路：

12V 蓄电池正极 B+ → 熔断器 IF22（10A）→ 灯光组合开关 IP26 连接器 16 号端子 → 组合开关的内部触点 → 灯光组合开关 IP26 连接器 13 号端子 → 近光继电器 85 端子 → 继电器的线圈 → 近光继电器 86 端子 → G06 搭铁 → 12V 电池负极。

（2）近光灯主电路两条回路：

①左前近光灯主电路：12V 电池正极 B+ → 近光继电器 30 端子 → 继电器内部触点 → 近光继电器 87 端子 → 10A 保险丝 EF10 → 左前组合灯连接器 CA06 的 6 号端子 → 左前近光灯灯丝 → 左前组合灯连接器 CA06 的 5 号端子 → 搭铁（G06 搭铁点）→ 12V 电池负极。

②右前近光灯主电路：辅助电池正极 B+ → 近光继电器 30 端子 → 继电器内部触点 → 近光继电器 87 端子 → 10A 保险丝 EF11 → 右前组合灯连接器 CA24 的 6 号端子 → 右前近光灯灯丝 → 右前组合灯连接器 CA24 的 5 号端子 → 搭铁（G10 搭铁点）→ 12V 电池负极。

Step3 组装三件套、翼子板布和前格栅布，放置三角木，确认驻车制动。

完成情况：□完成

　　　　　□未完成，原因：_____

Step4 检查左前、右前近光大灯灯泡。

①灯光组合开关拨到 OFF 挡。

②拆卸左前、右前近光大灯灯泡，确认灯泡灯丝是否烧断，如图3-1-2所示。

③更换有故障的灯泡。

完成情况：□完成

　　　　　□未完成，原因：_____

Step5 检查熔断器EF10、EF11及相关线路

①确认保险丝是否烧断。

②如果熔断器熔断，则检查EF10、EF11线路是否有短路故障。

③进行线路修理，确认没有线路短路现象。

④更换熔断器，新熔断器与原熔断器规格相同。

完成情况：□完成

　　　　　□未完成，原因：_____

图3-1-2　近光灯灯泡

Step6 检查熔断器EF10、EF11的电压。

①操作车辆启动开关，使电源模式至ON模式。

②开启前照灯（近光灯）。

③用万用表测量线束连接器EF10、EF11与车身接地之间的电压。电压标准值为11~14V。

④电压符合标准值，转下步检测。否则转Step9。

完成情况：□完成

　　　　　□未完成，原因：_____

Step7 检查前照灯线束连接器CA06/CA24端子6的电压。

①操作车辆启动开关，使电源模式至OFF模式。

②拔下前照灯线束连接器CA06/CA24，端子编号如图3-1-3所示。

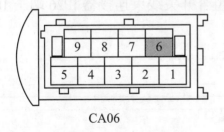 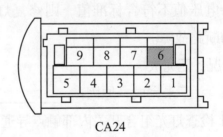

图3-1-3　吉利帝豪EV300前照灯线束连接器CA06和CA24

③开启前照灯（近光灯）。

④用万用表测量CA06/CA24端子6与车身接地之间的电压。标准电压值为11~14V。

⑤如果电压值不符合标准值，则检检修熔断器EF10/EF11与前照灯线束连接器CA06/CA24端子6之间的断路故障。

完成情况：□完成
　　　　　□未完成，原因：_____

Step8 检查前照灯线束连接器 CA06/CA24 端子 5 与车身接地之间的电阻。

①操作车辆启动开关，使电源模式至 OFF 模式。

②拔下前照灯线束连接器 CA06/CA24，如图 3-1-4 所示。

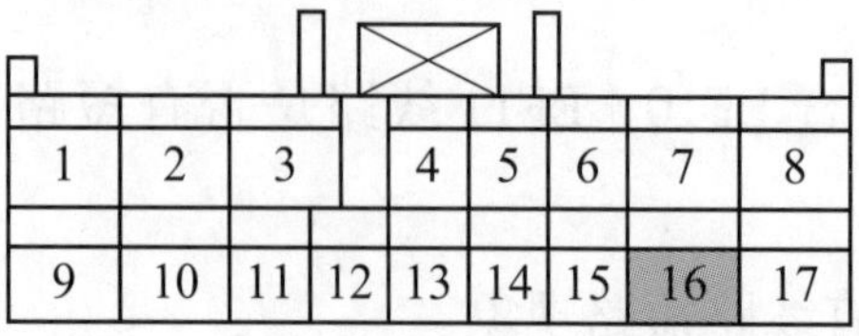

1	2	3	4	5	6	7	8
9	10	11	12	13	14	15	16	17

图 3-1-4　灯光组合开关线束连接器 IP26

③用万用表测量 CA06/CA24 端子 5 与车身接地之间的电阻。标准电阻值：小于 1Ω。

④如果电阻不符合标准值，则修复或更换线束。

完成情况：□完成
　　　　　□未完成，原因：_____

Step9 检查近光继电器。

①操作车辆启动开关，使电源模式至 OFF 模式。

②将工作正常的远光继电器更换到近光继电器的位置。

③替换继电器后，近光灯能正常工作，则更换新的近光继电器。

完成情况：□完成
　　　　　□未完成，原因：_____

Step10 检查灯光组合开关线束连接器 IP26 端子 16 与车身接地之间的电压。

①拔下灯光组合开关线束连接器 IP26，端子编号如图 3-1-4 所示。

②用万用表测量 IP26 端子 16 与车身接地之间的电压。标准电压值：11~14V。

③如果电压值不符合标准值，则修复灯光组合开关线束连接器 IP26 端子 16 到熔断器 IF22 之间的断路故障。

完成情况：□完成
　　　　　□未完成，原因：_____

Step11 检查灯光组合开关内部触点导通情况。

①断开灯光组合开关束连接器 IP26。

②将组合开关拨至近光灯挡位。

③用万用表测量灯光组合开关线束连接器 IP26 端子 13 与 16 之间的电阻。标准电阻值：小于 1Ω。

④如果电阻不符合标准值，则更换灯光组合开关。

完成情况：□完成

□未完成，原因：＿＿＿＿＿＿＿＿＿＿＿＿＿＿＿＿＿＿＿＿＿＿＿＿

Step12 检查灯光组合开关线束连接器 IP26 端子 13 到近光继电器的线路。

①断开灯光组合开关束连接器 IP26。

②拔下近光继电器。

③用万用表测量灯光组合开关线束连接器 IP26 端子 13 与近光继电器 85 端子之间的电阻。标准电阻值：小于1Ω。

④如果电阻不符合标准值，修复灯光组合开关线束连接器 IP20 端子 13 与近光继电器 85 号端子之间开路故障。

完成情况：□完成

□未完成，原因：＿＿＿＿＿＿＿＿＿＿＿＿＿＿＿＿＿＿＿＿＿＿＿＿

Step13 检查近光继电器 86 端子与车身接地之间的电阻。

①拔下近光继电器。

②用万用表测量近光继电器 86 端子与车身搭铁之间的电阻。标准电阻值：小于1Ω。

③如果电阻不符合标准值，车身搭铁与近光继电器 86 号端子之间开路故障。

完成情况：□完成

□未完成，原因：＿＿＿＿＿＿＿＿＿＿＿＿＿＿＿＿＿＿＿＿＿＿＿＿

四、任务小结

要完成检修新能源汽车前照灯不工作故障任务，可以通过查阅维修手册或相关资料熟悉检修车辆灯光电路的控制原理。在看懂电路图的基础上，结合故障现象分析故障原因和可能故障点。再通过对相关线路和器件的检测，确定故障器件或故障点。在检修过程中，一般遵守先易后难的原则，即首先检查灯泡、熔断丝等容易检测部分，其次检测线路短路或断路故障，最后检查控制单元 BCM 等。

【任务反馈】

一、填空题

1. 前照灯灯泡中的近光灯丝应安装在（　　　）。

A. 反光镜的焦点处　　　　　　　　B. 反光镜的焦点前上方

C. 反光镜的焦点下方　　　　　　　D. 反光镜的焦点前下方

2. 功率低、发光强度最高、寿命长且无灯丝的车辆前照灯是（　　　）。

A. 投射式前照灯　　　　　　　　　B. 封闭式前照灯

C. 氙气灯　　　　　　　　　　　　D. 半封闭式前照灯

3. 前照灯在光束调整过程中，以（　　）。
   A. 远光为主　　　B. 近光为主　　　C. 先远光后近光　　　D. 先近光后远光
4. 下列哪种说法是错误的（　　）。
   A. 前照灯的光束是可调的　　　　　B. 前照灯需要防水的
   C. 超车灯的功率比近光灯的功率大　D. 前照灯的灯泡是不能单独更换的
5. 某新能源车前照灯超常亮而且不得不经常更换灯泡，技师甲说："这可能是由于交流发电机输出电压过高而引起的"，技师乙说："这可能是电路中额外的电压降低造成的"，说法正确的是（　　）。
   A. 甲正确　　　B. 乙正确　　　C. 两人均正确　　　D. 两人均不正确
6. 车辆前照灯的光学系统包括（　　）等。
   A. 反光镜　　　B. 配光镜　　　C. 灯泡　　　D. 遮光屏

二、判断题

1. 变光开关用于前照灯远、近光的转换。　　　　　　　　　　　　　　　　　　（　　）
2. 四灯制前照灯安装时，装于内侧的一对灯为远光灯。　　　　　　　　　　　　（　　）
3. 前照灯光学系统主要由灯泡、反射镜和配光屏组成。　　　　　　　　　　　　（　　）
4. 前照灯继电器是用来保护变光开关的。　　　　　　　　　　　　　　　　　　（　　）
5. 前照灯防炫目的措施主要有采用双丝灯泡和 Z 形配光形式两种。　　　　　　　（　　）
6. 弧光放电前照灯由弧光灯组件、电子控制器和升压器三大部件组成。　　　　　（　　）

三、分析题

简述新能源实训车远光灯不工作的故障原因。

四、实操题（查阅维修手册，小组合作并发扬工匠精神，按照规范作业要求完成后雾灯不工作故障检修任务）

1. 任务分工及实施方案

_____

_____

_____

_____

2.任务实施

(1)查阅吉利帝豪EV300维修手册,绘制后雾灯电路图(见图3-1-5)

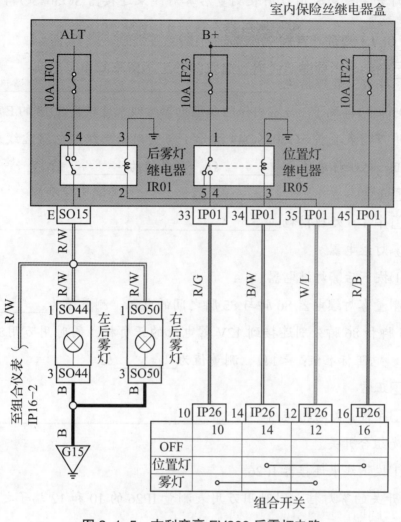

图3-1-5 吉利帝豪EV300后雾灯电路

(2)检查左后、右后雾灯灯泡。

具体步骤:①拆卸左后、右后雾灯灯泡。

②确认灯丝是否熔断。

检查结果:□正常

□异常,处理措施:_____

(3)检查熔断器。

具体步骤:①操作启动开关,使车辆电源模式至OFF挡状态。

②拔下熔断器,检查熔丝IF01、IF22是否熔断。

检查结果:□正常

□异常,处理措施:_____

（4）检查后雾灯 SO50/SO44 端子 1 的电压。

具体步骤：①断开后雾灯线束连接器 SO50/SO44。

②接通后雾灯开关，同时用万用表测量后雾灯线束连接器 SO50/SO44 端子与车身接地之间的电压，测量值为_____V。电压标准值为 11~14V。

  检查结果：□正常

      □异常，处理措施：_____

（5）检查 SO50/SO44 端子 1 与室内保险丝继电器盒线束连接器 S015 的 E 端子之间的线路。

具体步骤：用万用表测量 SO50/SO44 端子 1 与室内保险丝继电器盒线束连接器 S015 的 E 端子之间的电阻。电阻标准值为_____Ω，测量值为_____Ω。

  检查结果：□正常

      □异常，处理措施：_____

（6）检查后雾灯继电器。

具体步骤：①拔下后雾灯继电器。

②用万用表测量雾灯继电器 86 脚与 85 脚之间的电阻，测量值为_____Ω。

③继电器 85 脚和 86 脚分别连接到 12V 蓄电池的正负极，同时用万用测量继电器 30 与 87 脚之间的电阻。电阻标准值：<1Ω，测量值为_____Ω。

  检查结果：□正常

      □异常，处理措施：_____

（7）检查灯光组合开关。

具体步骤：①拔下线束连接器 IP26。

②接通组合开关的雾灯挡，同时用万用表测量 IP26 的 10 和 12 端子之间的电阻，电阻标准值：<1Ω，测量值为_____Ω。

  检查结果：□正常

      □异常，处理措施：_____

3. 任务小结

（1）故障点及处理方法：_____

_____

（2）故障诊断思路总结：_____

_____

_____

_____

【学习任务评价】

学习任务评价表

班级_____　　小组_____　　学号_____　　姓名_____

	主要测评项目	学生自评			
		A	B	C	D
关键能力	1. 遵守课堂纪律及实训场所管理规定，服从安排				
	2. 具有安全意识、责任意识、6S管理意识，注重节约、节能与环保				
	3. 学习态度积极主动，能按时完成学习任务				
	4. 具有团队合作意识，注重沟通，能自主学习及相互协作				
	5. 具有精益求精的工匠精神				
专业知识与能力	1. 能描述新能源汽车照明系统的组成和工作原理				
	2. 能读懂新能源汽车照明系统电路图				
	3. 能规范检修新能源汽车照明系统常见的故障				
个人自评					
小组互评					
教师评价		总评成绩			

教师签字：　　　　　　　　　　　　　　　　　　　　　　　　　　　　　日期：

任务2 检修新能源汽车转向灯不工作故障

【任务导入】

某新能源汽车4S店售后维修小组接到一张任务工作单：一辆2017款吉利帝豪EV300纯电动车辆，行驶里程46 000 km，近期出现转向灯不工作的故障。如果你是维修小组的成员之一，应该如何检修该故障？

【任务目标】

1. 熟悉新能源汽车转向灯系统的组成。
2. 能看懂转向灯系统的控制电路图，熟悉转向灯系统的工作原理。
3. 掌握新能源汽车转向灯系统常见故障检修的方法。
4. 能查阅维修手册，小组合作并发扬工匠精神，完成新能源车转向灯不工作故障的检修任务。

【任务实施】

一、任务方案制订

查阅吉利帝豪EV300纯电动车维修手册，制订吉利帝豪EV300纯电动车转向灯不工作故障检修的任务方案。

二、实施准备工作

吉利帝豪EV300纯电动车维修手册、吉利帝豪EV300纯电动实训车辆或台架、新能源电气设备检修工具和仪器、安全防护工具等。

三、详细操作步骤

Step1 查阅维修手册电路图，绘制转向灯系统电路简图（见图3-2-1）。

完成情况：□完成
　　　　　□未完成，原因：_____

Step2 组装三件套、翼子板布和前格栅布，放置三角木，确认驻车制动。

完成情况：□完成
　　　　　□未完成，原因：_____

Step3 检查转灯灯泡。

①拆卸故障转向信号灯灯泡，检查灯泡灯丝。
②如果转向灯灯丝熔断，则更换灯泡。

完成情况：□完成
　　　　　□未完成，原因：_____

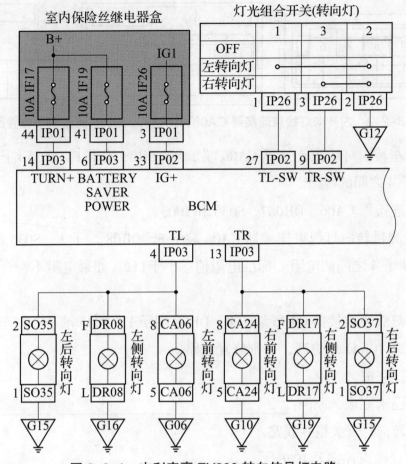

图 3-2-1 吉利帝豪 EV300 转向信号灯电路

Step4 检查熔断器。

①拔出熔丝 IF17、IF19、IF26，检查是否熔断。

②如果熔断，进行线路修理，确认没有线路短路故障。

③更换相同规格的熔断器。

完成情况：□完成

□未完成，原因：_____

Step5 检查左转向灯线束连接器 CA06 端子 8、DR08 端子 F、SO35 端子 2 的电压。

①操作车辆启动开关，使电源模式至 ON 模式。

②打开左转向灯开关，同时用万用表依次测量线束连接器 CA06 端子 8、DR08 端子 F、S035 端子 2 与车身接地之间的电压，测量端子位置，如图 3-2-2 所示。电压标准值：11~14V（闪烁）。

③如果电压符合标准值，则检查左转向灯线束连接器 CA06 端子 5、DR08 端子 L、S035 端子 1 与车身接地之间的连接线路。

完成情况：□完成

□未完成，原因：_____

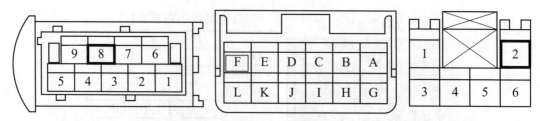

图 3-2-2　左转向灯线束连接器 CA06、DR087、S035 测量端子位置图 1

Step6 检测左转向灯线束连接器 CA06 端子 8、DR08 端子 F、S035 端子 2 与 BCM 线束连接器 IP03 端子 4 之间的线路。

①断开线束连接器 CA06、DR087、S035 和 IP03。

②用万用表测量转向灯线束连接器 CA06 端子 8、DR08 端子 F、S035 端子 2 与 BCM 线束连接器 IP03 端子 4 之间的电阻。标准电阻值：小于 1Ω。如果电阻不符合标准值，则修复或更换线束。

③测量转向灯线束连接器 CA06 端子 8、DR08 端子 F、S035 端子 2 与车身接地之间的电阻。标准电阻值为 10KΩ 或更高，否则修复线路。

完成情况：□完成

　　　　　□未完成，原因：_____

Step7 检查转向灯开关搭铁线路。

①开组合灯光线束连接器 IP26。

②用万用表测量灯光组合开关连接器 IP26 的 2 脚与车身接地之间的电阻值。标准电阻值：小于 1Ω。测量端子位置，如图 3-2-3 所示。

③如果电阻不符合标准值，则修复或更换线束。

完成情况：□完成

　　　　　□未完成，原因：_____

Step8 检查灯光组合开关（转向灯开关），灯光线束连接器如图 3-2-3 所示。

①将转向灯开关拨到左转位置，用万用表测量连接器 IP26 的 1、2 脚之间的电阻值。

②将转向灯开关拨到右转位置，用万用表测量连接器 IP26 的 2、3 脚之间的电阻值。

③电阻标准值：小于 1Ω，如果电阻不符合标准值则更换灯光组合开关。

完成情况：□完成

　　　　　□未完成，原因：_____

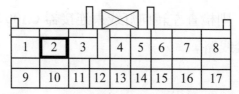

图 3-2-3　灯光组合开关线束连接器 IP26

Step9 检查转向灯开关与 BCM 之间连接的线路。

①断开线束连接器 IP26 和 BCM 线束连接器 IP02（见图 3-2-4）。

②用万用表测量灯光组合开关连接器 IP26 的 1 脚与 BCM 连接器 IP02 的 27 脚之间的电阻值。电阻标准值：小于1Ω。如果电阻不符合标准值，则修复或更换线束。

完成情况：□完成

□未完成，原因：_____

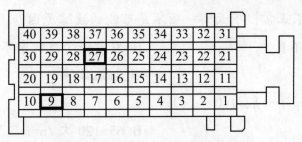

图 3-2-4　BCM 线束连接器 IP02

Step10 检查 BCM 线束连接器 IP02 端子 33、14、6 的电压。

①断开 BCM 线束连接器 IP02。

②操作车辆启动开关，使电源模式至 ON 模式。

③用万用表测量 BCM 连接器 IP03 端子 33、14 和 6 与车身接地之间的电压。电压标准值：11~14V。

④如果电压不符合标准值，则修复或更换相关线束。

⑤如果前面测量都正常，转向灯不工作，则更换 BCM。

完成情况：□完成

□未完成，原因：_____

四、任务小结

通过本次检修任务的学习，我们掌握了新能源汽车车辆转向灯典型故障检修方法。在这次检修任务中发现，除了因为单个转向灯不工作或相关线路故障或转向灯的功率与原厂的不符会引起单边转向灯闪光频率变快以外，如果 BCM（中央集控器）连接器 IP23 的 5 脚 "TL TED FBK" 信号线及与连接到前后左右的转向灯的线路断路，也会引起单边转向灯闪光频率变快的故障现象。

【任务反馈】

一、判断题

1. 倒车雷达 ECU 控制倒车蜂鸣器发出警示声音信号，距离障碍物越远，蜂鸣器发出的报警声音的频率越快。（　　）

2. 闪光继电器是转向灯和危险警告灯的重要组成部分。（　　）

3. 更换熔断器熔丝时，要注意跟原先的熔丝型号规格保持一致。（　　）

二、选择题

1. 下面哪一种灯泡不属于信号系统的组成部分？（　　）
   A. 转向灯　　　　B. 室内顶灯　　　　C. 制动灯　　　　D. 示宽灯

2. 当把转向灯开关往上拨的时候，亮的是哪个转向灯？（　　）
   A. 左转向灯　　　B. 右转向灯　　　　C. 左右转向灯　　D. 危险报警信号灯

3. 转向灯闪光频率不正常，下面哪一项不是可能的故障原因？（　　）
   A. 转向灯线路接触不良　　　　　　B. 左右转向灯功率不同
   C. 保险丝烧坏　　　　　　　　　　D. 灯泡故障

4. 转向信号灯闪烁频率一般为（　　）。
   A. 40~60 次/min　　　　　　　　　B. 65~120 次/min
   C. 120~150 次/min　　　　　　　　D. 150~200 次/min

5. 车辆危险报警信号灯灯光颜色是（　　）。
   A. 黄色　　　　　B. 白色　　　　　　C. 琥珀　　　　　D. 红色

6. 控制转向灯闪光频率的是（　　）。
   A. 转向开关　　　B. 点火开关　　　　C. 闪光器　　　　D. 蓄电池电压

7. 当左右两侧的转向灯均不亮时，故障检修时应首先做的事是（　　）。
   A. 检查继电器　　B. 检查保险丝　　　C. 检查转向开关
   D. 按下紧急报警开关观看转向灯是否亮，以此来判断闪光继电器

8. 车辆的转向信号只有在左转向时工作，技师甲说：闪光器坏了。技师乙说：熔丝熔断了。谁正确？（　　）
   A. 甲正确　　　　B. 乙正确　　　　　C. 两人均正确　　D. 两人均不正确

9. 当转向开关打到某一侧时，该侧转向灯亮而不闪，故障可能是（　　）。
   A. 闪光继电器损坏　　　　　　　　B. 该侧的灯泡故障
   C. 转向开关有故障　　　　　　　　D. 该侧灯泡的搭铁不良

10. 后尾灯双丝灯泡中，两个灯丝分别为（　　）。
    A. 小灯、转向灯　　　　　　　　　B. 小灯、刹车灯
    C. 刹车灯、转向灯　　　　　　　　D. 倒车灯、转向灯

三、分析题

某品牌的纯电动车，车辆左右两边的转向灯工作频率不一致，请分析造成该故障的原因，并制订检修方案。

四、实操题(查阅维修手册,小组合作并发扬工匠精神,完成车辆喇叭不工作的故障检修的任务)

1. 任务分工及实施方案

_____

_____

_____

_____

2. 任务实施

(1)查阅吉利帝豪EV300维修手册,绘制吉利帝豪EV300喇叭电路,如图3-2-5所示。

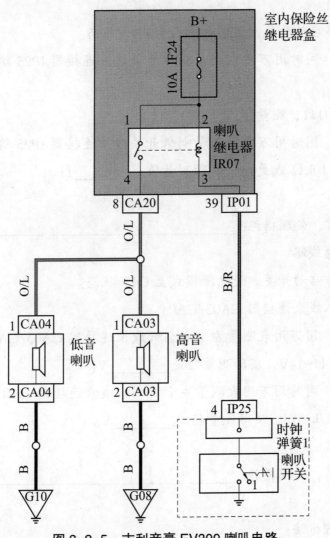

图 3-2-5　吉利帝豪 EV300 喇叭电路

（2）检查喇叭熔断器。

具体步骤：①操作启动开关，使车辆电源模式至OFF挡状态。

②拔下熔断器，检查熔丝是否熔断。

检查结果：□熔断器正常

□熔丝熔断，处理措施：_____

（3）检查喇叭继电器。

具体断步骤：①操作启动开关使电源模式至OFF状态。

②拔下喇叭继电器，用相同型号的继电器取代喇叭继电器。

检查结果：□正常

□异常，处理措施：_____

（4）检查喇叭开关。

具体步骤：①操作启动开关，使电源模式至OFF状态。

②按下喇叭开关，同时用万用表测量喇叭开关线束连接器IP25端子4与接地电路之间的电阻值。

③标准电阻：小于1Ω，测量值：_____Ω。

④松开喇叭开关，同时用万用表测量喇叭开关线束连接器IP25端子4与接地电路之间的电阻值。标准电阻：10kΩ或更高，实际测量值：_____Ω。

检查结果：□正常

□异常，处理措施：_____

（5）检查喇叭供电线路。

具体步骤：①操作启动开关，使电源模式至OFF状态。

②断开左/右喇叭线束连接器CA03/CA04。

③按下喇叭开关，用万用表测量左/右喇叭线束连接器CA03/CA04端子1与端子2之间的电压。标准电压：11~14V，实际测量值是_____V。

④松开喇叭开关，同时用万用表测量左/右喇叭线束连接器CA03/CA04端子1与端子2之间的电压。标准电压：0V，实际测量值是_____V。

检查结果：□正常

□异常，处理措施：_____

3. 任务小结

（1）故障点及处理方法：_____

_____

（2）故障诊断思路总结：_____

_____

_____

【学习任务评价】

学习任务评价表

班级_____ 小组_____ 学号_____ 姓名_____

	主要测评项目	学生自评			
		A	B	C	D
关键能力	1. 遵守课堂纪律及实训场所管理规定,服从安排				
	2. 具有安全意识、责任意识、6S管理意识,注重节约、节能与环保				
	3. 学习态度积极主动,能按时完成学习任务				
	4. 具有团队合作意识,注重沟通,能自主学习及相互协作				
	5. 具有精益求精的工匠精神				
专业知识与能力	1. 能描述新能源汽车信号系统的组成和工作原理				
	2. 能读懂新能源汽车信号系统电路图				
	3. 能规范检修新能源汽车信号系统常见的故障				
个人自评					
小组互评					
教师评价		总评成绩			

教师签字: 日期:

学习情境四 新能源汽车辅助电气系统故障检修

任务1 检修新能源汽车刮水器不工作故障

【任务导入】

某吉利4S店维修小组接到一张任务反馈:一辆2017款吉利帝豪EV300纯电动汽车,行驶里程60 500 km,近期出现刮水器不工作的现象。作为新能源汽车维修技师的你,应如何检修该故障?

【任务目标】

1. 能描述电动刮水系统的组成和工作原理。
2. 能读懂电动刮水系统电路图。
3. 能查阅维修手册,能根据现象分析故障原因、写出故障诊断流程图。
4. 能小组合作并发扬工匠精神,完成电动刮水器不工作故障检修任务。

【任务实施】

一、任务方案制订

查阅吉利帝豪EV300纯电动汽车维修手册,制订吉利帝豪EV300电动刮水器不工作故障检修的任务方案。

二、实施准备工作

吉利帝豪EV300纯电动汽车维修手册、新能源汽车电气检修工具、故障诊断仪、汽车专用万用表、吉利帝豪EV300纯电动实训车或实训台架。

三、详细操作步骤

Step1 检查熔丝IF27。

①如果熔丝IF27熔断,则检查线路是否有短路故障。

②在确认没有线路短路故障后,更换相同规格的熔丝。若刮水器还是不能正常工作,则转至Step2。

完成情况:□完成

□未完成,原因:_____

Step2 检查刮水器电机线束连接器CA21端子1上的电压。

①操作车辆启动开关,使电源模式至ON模式。

②将刮水器开关转至"LOW"低速挡位置。

③用万用表测量刮水电机连接器 CA21 端子 1 上的电压。电压标准值为 11~14V。连接器 CA21 端子 1，如图 4-1-1（a）所示。若电压不正常，转至下一步（Step3）。

④用万用表测量刮水电机连接器 CA21 端子 1 与 CA21 端子 5 之间的电压。电压标准值为 11~14V。

若电压正常，刮水器电机不工作，则更换刮水器电机。

完成情况：□完成
　　　　　□未完成，原因：_____

Step3 检查刮水器开关线束连接器 IP27 端子 11 上的电压，IP27 端子见图 4-1-1（b）。

①关闭点火开关，断开刮水器开关线束连接器 IP27。
②操作车辆启动开关，使电源模式至 ON 模式。
③用万用表测量刮水电机连接器 IP27 端子 11 上的电压。电压标准值为 11~14V。
④若电压值不正常，则检查并修理 IP27 端子 11 与熔丝 IF27 之间的线路的开路故障。
⑤若电压值正常，则转至下一步（Step4）。

完成情况：□完成
　　　　　□未完成，原因：_____

CA21刮水电机线束连接器　　　IP27刮水洗涤器组合开关连接器

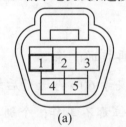 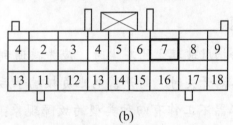

(a)　　　　　　　　　　　(b)

图 4-1-1　刮水器电机和右组合开关连接器端子

Step4 检查刮水器开关的导通性能。

①关闭点火开关，断开刮水器开关线束连接器 IP27。
②对照表 4-1-1，用万用表测量对应的端子之间的电阻值。

表 4-1-1　刮水器开关内部触点导通性能测量

刮水器开关位置	端子	电阻标准值
OFF 挡	刮水器开关 IP27/7 与 IP27/12	小于1Ω
LOW 挡	刮水器开关 IP27/11 与 IP27/7	小于1Ω
HI 挡	刮水器开关 IP27/11 与 IP27/8	小于1Ω
W 洗涤挡	刮水器开关 IP27/11 与 IP27/7 和 IP27/2	小于1Ω

③若有电阻不符标准值，则更换刮水器开关。
④若有电阻正常，则转至下一步。

完成情况：□完成
　　　　　□未完成，原因：_____

Step5 检查刮水开关与刮水器电机之间的线路。

①关闭点火开关，断开刮水器开关线束连接器 IP27 和刮水器电机连接器 CA21。

②对照表 4-1-2，用万用表测量对应的线路的电阻值。

③若有电阻不符标准值，则修理对应的线路的开路故障。

④确认刮水开关与刮水器电机之间的线路正常。

⑤确认机械传动部分功能正常，确认刮水器工作正常。

表 4-1-2　刮水开关与刮水器电机之间的线路测量

端子	电阻标准值
刮水器电机连接器 CA21/1 与刮水器开关连接器 IP27/7	小于1Ω
刮水器电机连接器 CA21/4 与刮水器开关连接器 IP27/8	小于1Ω
刮水器电机连接器 CA21/3 与刮水器开关连接器 IP27/12	小于1Ω
刮水器电机连接器 CA21/5 与金属车身搭铁点	小于1Ω

完成情况：□完成

□未完成，原因：＿＿＿＿＿＿＿＿＿＿＿＿＿＿＿＿＿

【任务反馈】

一、判断题

1. 晴天刮除挡风玻璃上的灰尘时，应先接通刮水器，再接通洗涤器。（　　）

2. 拆卸刮水器开关时，断开蓄电池负极端子后，至少要等 60 s 再进行后续操作。（　　）

3. 电动刮水器不工作有四种典型的故障现象：各个挡位都不工作；个别挡位不工作；不能复位；洗涤器不工作。（　　）

二、单选题

1. 新能源汽车上的电动刮水器都设有（　　）。

A. 自动复位装置　　B. 电脑控制装置　　C. 自动断水装置　　D. 自动开启装置

2. 若电动刮水器低速挡不工作，其他挡位工作正常，则不需要检查的项目是（　　）。

A. 熔断器　　B. 刮水器电动机　　C. 刮水器开关　　D. 刮水系统控制线路

3. 以吉利帝豪 EV300 电动车为例，检查刮水电动机"LOW"挡位工作是否正常时，需对刮水电机连接器哪两个端子供电？（　　）

A. 端子1和端子4　B. 端子3和端子5　C. 端子1和端子5　D. 端子4和端子5

三、实操题（查阅资料，小组合作并发扬工匠精神，完成检修前洗涤器不工作故障任务）

1. 任务分工及实施方案

2. 任务实施

（1）检查前风玻璃刮水器工作情况。

具体步骤：①操作启动开关，使车辆电源模式至_____挡状态。

②确认前风玻璃刮水器在洗涤开关启动后能正常工作。

检查结果：□正常

□异常，处理措施：_____

（2）检查刮水器开关连接器 IP27 端子 2 上的电压。

具体步骤：①操作启动开关，使车辆电源模式至 ON 挡状态。

②启动洗涤开关。

③用万用表测量刮水器/洗涤开关连接器 IP27 端子 2 上的电压，检测数据为_____V。

检查结果：□正常

□异常，处理措施：_____

（3）检查前风窗洗涤电机上的电源。

具体步骤：①操作启动开关，使车辆电源模式至 ON 挡状态。

②启动洗涤开关。

③用万用表测量前风窗洗涤电机连接器 CA26 端子 2 上的电压，检测数据为_____V。

④用万用表测量前风窗洗涤电机连接器 CA26 端子 1 与金属车身搭铁之间的电阻，检测数据为_____Ω。电阻标准值：小于_____Ω。

检查结果：□正常

□异常，处理措施：_____

（4）检查洗涤液储液罐中的洗涤液、软管及喷嘴。

检查结果：□正常

□异常，处理措施：_____

3. 任务小结

（1）故障点及处理方法：_____

_____

（2）故障诊断思路总结：_____

_____

_____

_____

【学习任务评价】

学习任务评价表

班级_____ 小组_____ 学号_____ 姓名_____

	主要测评项目	学生自评			
		A	B	C	D
关键能力	1. 遵守课堂纪律及实训场所管理规定，服从安排				
	2. 具有安全意识、责任意识、6S管理意识，注重节约、节能与环保				
	3. 学习态度积极主动，能按时完成学习任务				
	4. 具有团队合作意识，注重沟通，能自主学习及相互协作				
	5. 具有精益求精的工匠精神				
专业知识与能力	1. 能描述电动刮水系统的组成和工作原理				
	2. 能读懂电动刮水系统电路图				
	3. 能规范检修电动刮水系统常见的故障				
个人自评					
小组互评					
教师评价		总评成绩			

教师签字： 日期：

任务2 检修新能源汽车电动车窗不工作故障

【任务导入】

某吉利4S店维修小组接到一张任务反馈：一辆2017款吉利帝豪EV300纯电动汽车，行驶里程60 500km，近期出现电动车窗不工作的现象。作为新能源汽车维修技师的你，应如何检修该故障？

【任务目标】

1. 能描述电动车窗系统的组成和工作原理。
2. 能读懂电动车窗系统电路图。
3. 能查阅维修手册，小组合作并发扬工匠精神，完成电动车窗不工作故障检修任务。

【任务实施】

一、任务方案制订

查阅吉利帝豪EV300纯电动汽车维修手册，制订吉利帝豪EV300左前门玻璃升降器不工作（带防夹）故障检修的任务方案。

二、实施准备工作

吉利帝豪EV300纯电动汽车维修手册、新能源汽车电气检修工具、故障诊断仪、汽车专用万用表、吉利帝豪EV300纯电动实训车或实训台架。

三、详细操作步骤

Step1 查阅维修手册，绘制吉利帝豪EV300左前门电动车窗电路简图，如图4-2-1所示。

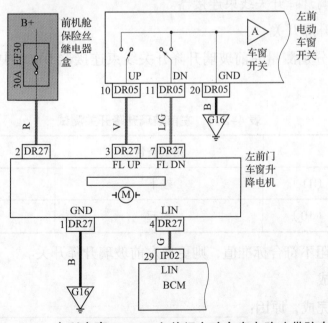

图4-2-1 吉利帝豪EV300左前门电动车窗电路（带防夹）

完成情况：□完成

□未完成，原因：_____

Step2 检查熔断器。

①确认熔丝 EF30（30A）是否熔断。

②如果熔丝熔断，排除相关线路的短路故障，更换相同规格的熔丝。

完成情况：□完成

□未完成，原因：_____

Step3 检查左前玻璃升降开关接地电路。

①断开左前门车窗开关线束连接器 DR05。

②用万用表测量连接器 DR05 端子 20 与接地电路之间的电阻。电阻标准值：小于1Ω。连接器 DR05 端子 20，位置如图 4-2-2 所示。

③若电阻不符合标准值，则修复相关线路的开路故障。

完成情况：□完成

□未完成，原因：_____

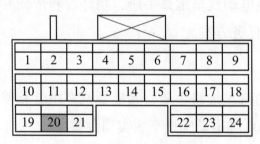

图 4-2-2　DR05 连接器端子图

Step4 检查左前玻璃升降开关。

①连接左前门玻璃升降开关线束连接器。

②操纵左前玻璃升降开关。

③同时用万用表分别测量左前玻璃升降开关线束连接器 DR05 中相应端子之间的电阻，如表 4-2-1 所示。

表 4-2-1　左前玻璃升降开关测试

测试端子	测试条件	标准电阻值
DR05（20）-DR05（11）	按下	小于1Ω
DR05（20）-DR05（10）	提起	小于1Ω

④如果端子间电阻不符合标准值，则更换左前玻璃升降开关。

完成情况：□完成

□未完成，原因：_____

Step5 检查左前玻璃升降电机与车窗开关之间的电路连接。

①拔下左前门玻璃升降电机线束连接器 DR27。

②操纵左前玻璃升降开关。

③同时用万用表分别测量左前玻璃升降电机线束连接器 DR27 中相应端子与接地电路之间的电阻，如表 4-2-2 所示。

表 4-2-2 左前玻璃升降开关测试

测试端子	测试条件	标准电阻值
DR27（7）- 车身搭铁	按下	小于 1Ω
DR27（3）- 车身搭铁	提起	小于 1Ω

④如果电阻不符合标准值，则修复或更换相关线束。

⑤用万用表测量线束连接器 DR27 端子 1 和 2 之间的电压，标准电压值：11~14V。

⑥如果玻璃升降器不能正常工作，则更换左前门玻璃升降电机总成。

完成情况：□完成

　　　　　□未完成，原因：_____

【任务反馈】

一、判断题

1. 电动车窗的操作开关分为安全开关和升降开关，安全开关能控制所有车门上的车窗。（　　）

2. 电动车窗的升降主要是利用电机的正转和反转实现的。（　　）

3. 新能源汽车配置的电动车窗都具有防夹功能。（　　）

4. 操作电动车窗时，如果出现某个机械部位卡死，则会引起熔断丝烧断或热敏开关断开，从而避免电机烧坏。（　　）

5. 电动车窗的主控开关接地失效会导致所有车窗均不能动作。（　　）

二、单选题

1. 对于电动车窗玻璃升降电机来说，下列说法中错误的是（　　）。

A. 每个车门必须设有一个分控制开关，但主控制开关可不设

B. 在电路中必须设有断电器，当玻璃达到上下极限时，自动切断电路

C. 玻璃升降电机是可逆的，改变通电方向，就可以改变转动方向

D. 车上可装一个延时开关，在点火开关断开约 10min 后，仍有电流供应

2. 不管使用主开关还是分开关，乘员侧有一个电动车窗不能升降，甲认为故障出在失效的主开关，乙认为故障出在车窗玻璃升降电动机。你认为（　　）。

A. 甲正确　　　　B. 乙正确　　　　C. 甲乙都正确　　　　D. 甲乙都不正确

3. 以吉利帝豪EV300左前车窗升降电机（不防夹）为例，车窗玻璃在中间位置，将电动机连接器端子A连接蓄电池正极，端子B连接蓄电池负极，左前门玻璃会（　　　）。

A. 不动　　　　　　B. 上升　　　　　　C. 下降　　　　　　D. 不能确定运动方向

三、实操题（查阅资料，小组合作并发扬工匠精神，完成左前车窗升降电机不工作故障检修任务）

1. 任务分工及实施方案

_____
_____
_____

2. 任务实施

检修左前车窗升降电机不工作故障（不防夹）

（1）检查左前电动车窗工作情况。

具体步骤：①操作启动开关，使车辆电源模式至_____挡状态。

②确认左前门电动车窗不工作故障现象，其他车门玻璃升降器工作正常。

检查结果：□正常

　　　　　　□异常，处理措施：_____

（2）检查左前玻璃升降开关接地电路。

具体步骤：①操作启动开关，使车辆电源模式至OFF挡状态。

②断开左前玻璃升降开关线束连接器。

③用万用表测量左前玻璃升降开关连接器_____端子_____与接地电路之间的电阻，检测数据为_____Ω。电阻标准值：小于1Ω。

检查结果：□正常

　　　　　　□异常，处理措施：_____

（3）检查左前玻璃升降开关内部触点导通性能。

具体步骤：①连接左前玻璃升降开关线束连接器。

②操纵左前玻璃升降开关升降按钮。

③用万用表分别测量左前玻璃升降开关连接器DR06端子20与10和11之间的电阻值，检测数据填入表4-2-3中。

表4-2-3　DR06端子20与10和11之间的线路检查

序号	测试条件	测试端子	检测数据
1	按下升降开关	连接器DR05端子20 - 连接器DR05端子10	
2	提起升降开关	连接器DR05端子20 - 连接器DR05端子10	
3	按下升降开关	连接器DR05端子20 - 连接器DR05端子11	
4	提起升降开关	连接器DR05端子20 - 连接器DR05端子11	

检查结果：□正常

□异常，处理措施：_____

（4）检查电动车窗控制单元收到的左前升降开关信号。

具体步骤：①操纵左前玻璃升降开关升降按钮。

②用万用表分别测量左前玻璃升降开关连接器SO92端子3、8与接地线路之间的电阻值，检测数据填入表4-2-4中。

表4-2-4 SO92端子3、8与车身接地的线路检查

序号	测试条件	测试端子	检测数据
1	按下升降开关	电动车窗控制单元连接器SO92端子3 – 车身接地	
2	提起升降开关	电动车窗控制单元连接器SO92端子3 – 车身接地	
3	按下升降开关	电动车窗控制单元连接器SO92端子8 – 车身接地	
4	提起升降开关	电动车窗控制单元连接器SO92端子8 – 车身接地	

检查结果：□正常

□异常，处理措施：_____

（5）检查电动车窗控制单元控制左前升降电机电路。

具体步骤：①操纵左前玻璃升降开关升降按钮。

②用万用表分别检查电动车窗控制单元线束连接器SO92端子33、34之间的电压，检测数据为_____V，电压标准值：11~14V。

检查结果：□正常

□异常，处理措施：_____

（6）检查左前玻璃升降电机电路。

具体步骤：①断开左前玻璃升降电机线束连接器DR03。

②操纵左前玻璃升降开关升降按钮。

③用万用表分别检查电动车窗控制单元线束连接器DR03端子A、B之间的电压，检测数据为_____V，电压标准值：11~14V。

检查结果：□正常

□异常，处理措施：_____

3.任务小结

（1）故障点及处理方法：_____

_____

（2）故障诊断思路总结：_____

_____

_____

_____

【学习任务评价】

学习任务评价表

班级_____ 小组_____ 学号_____ 姓名_____

<table>
<tr><td rowspan="2"></td><td rowspan="2">主要测评项目</td><td colspan="4">学生自评</td></tr>
<tr><td>A</td><td>B</td><td>C</td><td>D</td></tr>
<tr><td rowspan="5">关键能力</td><td>1. 遵守课堂纪律及实训场所管理规定,服从安排</td><td></td><td></td><td></td><td></td></tr>
<tr><td>2. 具有安全意识、责任意识、6S管理意识,注重节约、节能与环保</td><td></td><td></td><td></td><td></td></tr>
<tr><td>3. 学习态度积极主动,能按时完成学习任务</td><td></td><td></td><td></td><td></td></tr>
<tr><td>4. 具有团队合作意识,注重沟通,能自主学习及相互协作</td><td></td><td></td><td></td><td></td></tr>
<tr><td>5. 具有精益求精的工匠精神</td><td></td><td></td><td></td><td></td></tr>
<tr><td rowspan="3">专业知识与能力</td><td>1. 能描述电动车窗系统的组成和工作原理</td><td></td><td></td><td></td><td></td></tr>
<tr><td>2. 能读懂电动车窗系统电路图</td><td></td><td></td><td></td><td></td></tr>
<tr><td>3. 能规范检修电动车窗系统常见的故障</td><td></td><td></td><td></td><td></td></tr>
<tr><td>个人自评</td><td colspan="5"></td></tr>
<tr><td>小组互评</td><td colspan="5"></td></tr>
<tr><td rowspan="2">教师评价</td><td colspan="5">总评成绩</td></tr>
<tr><td colspan="5"></td></tr>
</table>

教师签字: 　　　　　　　　　　　　　　　　　　　　　　　　　　日期:

任务3 检修新能源汽车电动座椅不工作故障

【任务导入】

某吉利4S店维修小组接到一张任务反馈:一辆2017款吉利帝豪EV300纯电动汽车,行驶里程60 000 km,近期出现电动座椅不工作的现象。作为新能源汽车维修技师的你,应如何检修该故障?

【任务目标】

1. 能描述电动座椅系统的组成和工作原理。
2. 能读懂电动座椅系统电路图。
3. 能查阅维修手册,小组合作并发扬工匠精神,完成电动座椅不工作故障检修任务。

【任务实施】

一、任务方案制订

查阅吉利帝豪EV300纯电动汽车维修手册,制订吉利帝豪EV300纯电动汽车电动座椅不能前后调整故障检修的任务方案。

二、实施准备工作

吉利帝豪EV300纯电动汽车维修手册、新能源汽车电气检修工具、故障诊断仪、汽车专用万用表、吉利帝豪EV300纯电动实训车或实训台架。

三、详细操作步骤

Step1 确认故障现象,分析故障原因。

结合故障现象,查看吉利帝豪EV300维修手册,分析其故障原因。造成电动座椅所有方向无法调节故障的原因主要有以下几个方面。

①电源故障,如蓄电池电压过低、熔断器断路、电源线路断路。
②搭铁故障,如G20搭铁点脱落或虚接、搭铁线路断路。
③电动座椅调节开关损坏。
④线束连接器虚接或断路等。

Step2 检查熔断器EF17。

①操作车辆启动开关使电源模式至OFF状态。
②拔下EF17,检查是否熔断。如果熔丝熔断,则检查相关线路是否有短路故障。
③确认没有线路短路故障,更换相同规格的熔丝。若电动座椅还是不能正常工作,则转至Step3。

完成情况：□完成

　　　　　□未完成，原因：_____

Step3 检查电动座椅调节开关的电源。

①操作车辆启动开关使电源模式至OFF状态。

②断开电动座椅调节开关的线束连接器。

③操作车辆启动开关，使电源模式至ON模式。

④用万用表测量电动座椅调节开关的线束连接器SO58端子1与可靠接地点之间的电压。电压标准值为11~14V。连接器SO581端子1，测量位置如图4-3-1（a）所示。

⑤若电压不符合标准值，则修复相关线路的开路故障。

完成情况：□完成

　　　　　□未完成，原因：_____

Step4 检查电动座椅调节开关的搭铁。

①操作车辆启动开关，使电源模式至OFF模式。

②断开电动座椅调节开关的线束连接器。

③用万用表测量电动座椅调节开关的线束连接器SO58端子4与可靠接地点之间的电阻。电阻标准值：小于1Ω。连接器SO581端子4，测量位置如图4-3-1（b）所示。

④若电阻不符合标准值，则修复相关线路的开路故障。

完成情况：□完成

　　　　　□未完成，原因：_____

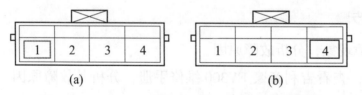

图4-3-1　SO58接驾驶员电动座椅线束连接器

Step5 检查电动座椅调节开关。

①操作车辆启动开关，使电源模式至ON模式。

②操作电动座椅调节开关，同时用万用表依次测量电动座椅调节开关插座P与E、L与M、J与K之间的电压。电压标准值为11~14V。测量端子、测试条件和标准值参照表4-3-1。

③若电压不符合标准值，则更换电动座椅开关。

完成情况：□完成

　　　　　□未完成，原因：_____

表 4-3-1　电动座椅调节开关检查

序号	测试端子	测试条件	标准电压
1	P－E	拨动电动座椅前后调节开关向前或向后	11~14V
2	L－M	拨动电动座椅高度调节开关向上或向下	11~14V
3	J－K	拨动电动座椅靠背调节开关向上或向下	11~14V

Step6 检查电动座椅调节电机。

①操作车辆启动开关，使电源模式至ON模式。

②操作电动座椅调节开关，同时用万用表依次测量座椅前后调节电机、高度调节电机、靠背调节电机的线束连接端子1与2之间的电压。电压标准值为11~14V。测量端子、测试条件和电压标准值见表4-3-2。

③若电压不符合标准值，则更换电动座椅开关。

完成情况：□完成

　　　　　□未完成，原因：_____

表 4-3-2　电动座椅调节开关检查

序号	测试端子	测试条件	标准电压
1	前后调节电机端子1－2	拨动电动座椅前后调节开关向前或向后	11~14V
2	高度调节电机端子1－2	拨动电动座椅高度调节开关向上或向下	11~14V
3	靠背调节电机端子1－2	拨动电动座椅靠背调节开关向上或向下	11~14V

【任务反馈】

一、填空题

1. 按照座椅调节电机的数目和调节的方向不同，电动座椅可分为六向电动调节和_____电动调节等。六向调节座椅可实现座椅的前后调节、升降调节和_____调节。

2. 电动座椅开关主要由3个开关组成：_____调节开关、靠背与头枕调节开关和腰部支撑调节开关。

3. 电动座椅调节电机是通过改变_____的方式来实现调节电机转向的变化。

二、判断题

1. 新能源车都配有电动座椅。　　　　　　　　　　　　　　　　　　　　　　　　（　　）

2. 电动座椅调节电机一般为永磁式电动机，为了防止电机过载，电机内部都装有断路器。该断路器在电路过载情况下断开，而且仅在电路电压切断后才会复位。　　　　（　　）

3. 带储存功能电动座椅系统的控制模块具有记忆功能。使用时只要按指定的按钮开关，座椅就会自动地调节到预先设定的座椅位置上。　　　　　　　　　　　　　　　（　　）

三、分析题

试分析新能源实训车电动座椅高度不能调节的故障原因。

四、实操题（查阅维修手册，小组合作并发扬工匠精神，完成检修电动座椅靠背不能调节的故障任务）

1. 任务分工及实施方案

_____
_____
_____
_____

2. 任务实施

检修电动座椅靠背不能调节的故障具体步骤：

（1）检查驾驶员座椅靠背工作情况。

具体步骤：①操作启动开关，使车辆电源模式至_____挡状态。

②确认电动座椅靠背无法调节故障现象，座椅前后、上下方向调节工作正常。

检查结果：□正常

　　　　　□异常，处理措施：_____

（2）检查熔断器是否熔断。

具体步骤：①操作启动开关，使车辆电源模式至OFF挡状态。

②拔下熔断器，检查熔丝EF17是否熔断。

检查结果：□正常

　　　　　□异常，处理措施：_____

（3）检查电动座椅调节开关的电源。

具体步骤：①操作车辆启动开关使电源模式至_____状态。

②断开电动座椅调节开关的线束连接器。

③操作车辆启动开关，使电源模式至_____模式。

④用万用表测量电动座椅调节开关的线束连接器SO58端子1与可靠接地点之间的电压。电压标准值为_____V。

检查结果：□正常

□异常，处理措施：＿＿＿＿＿＿＿＿＿＿＿＿＿＿＿＿＿＿＿＿＿＿

（4）检查电动座椅调节开关的搭铁。

具体步骤：①操作车辆启动开关，使电源模式至＿＿＿＿＿＿＿模式。

②断开电动座椅调节开关的线束连接器。

③用万用表测量驾驶员座椅调节开关的线束连接器端子＿＿＿＿＿＿＿与可靠接地点之间的电阻。电阻标准值：小于1Ω。

检查结果：□正常

□异常，处理措施：＿＿＿＿＿＿＿＿＿＿＿＿＿＿＿＿＿＿＿＿＿＿

（5）检查电动座椅调节开关。

具体步骤：①操作车辆启动开关，使电源模式至＿＿＿＿＿＿＿模式。

②操作电动座椅靠背调节开关，同时用万用表测量电动座椅调节开关插座＿＿＿＿＿＿＿号端子与＿＿＿＿＿＿＿号端子之间的电压，测量值为＿＿＿＿＿＿＿V。电压标准值为11~14V。

检查结果：□正常

□异常，处理措施：＿＿＿＿＿＿＿＿＿＿＿＿＿＿＿＿＿＿＿＿＿＿

（6）检查座椅靠背调节电机。

具体步骤：①操作车辆启动开关，使电源模式至ON模式。

②操作电动座椅调节开关，同时用万用表依次测量座椅靠背调节电机线束连接端子1与2之间的电压，测量值为＿＿＿＿＿＿＿V。电压标准值为11~14V。

检查结果：□正常

□异常，处理措施：＿＿＿＿＿＿＿＿＿＿＿＿＿＿＿＿＿＿＿＿＿＿

3.任务小结

（1）故障点及处理方法：＿＿＿＿＿＿＿＿＿＿＿＿＿＿＿＿＿＿＿＿＿＿＿＿＿

＿＿＿＿＿＿＿＿＿＿＿＿＿＿＿＿＿＿＿＿＿＿＿＿＿＿＿＿＿＿＿＿＿＿＿＿＿＿＿

（2）故障诊断思路总结：＿＿＿＿＿＿＿＿＿＿＿＿＿＿＿＿＿＿＿＿＿＿＿＿＿

＿＿＿＿＿＿＿＿＿＿＿＿＿＿＿＿＿＿＿＿＿＿＿＿＿＿＿＿＿＿＿＿＿＿＿＿＿＿＿

＿＿＿＿＿＿＿＿＿＿＿＿＿＿＿＿＿＿＿＿＿＿＿＿＿＿＿＿＿＿＿＿＿＿＿＿＿＿＿

＿＿＿＿＿＿＿＿＿＿＿＿＿＿＿＿＿＿＿＿＿＿＿＿＿＿＿＿＿＿＿＿＿＿＿＿＿＿＿

【学习任务评价】

学习任务评价表

班级_____ 小组_____ 学号_____ 姓名_____

	主要测评项目	学生自评			
		A	B	C	D
关键能力	1. 遵守课堂纪律及实训场所管理规定,服从安排				
	2. 具有安全意识、责任意识、6S管理意识,注重节约、节能与环保				
	3. 学习态度积极主动,能按时完成学习任务				
	4. 具有团队合作意识,注重沟通,能自主学习及相互协作				
	5. 具有精益求精的工匠精神				
专业知识与能力	1. 能描述电动座椅系统的组成和工作原理				
	2. 能读懂电动座椅系统电路图				
	3. 能规范检修电动座椅系统常见的故障				
个人自评					
小组互评					
教师评价		总评成绩			

教师签字: 日期:

任务4 检修新能源汽车电动天窗不工作故障

【任务导入】

某吉利4S店维修小组接到一张任务反馈：一辆2017款吉利帝豪EV300纯电动汽车，行驶里程56 000 km，近期出现电动天窗不工作的现象。作为新能源汽车维修技师的你，应如何检修该故障？

【任务目标】

1. 能描述电动天窗系统的组成和工作原理。
2. 能读懂电动天窗系统电路图。
3. 能查阅维修手册，小组合作并发扬工匠精神，完成电动天窗不工作故障检修任务。

【任务实施】

一、任务方案制订

查阅吉利帝豪EV300纯电动汽车维修手册，制订吉利帝豪EV300纯电动汽车电动天窗不工作故障检修的任务方案。

二、实施准备工作

吉利帝豪EV300纯电动汽车维修手册、新能源汽车电气检修工具、故障诊断仪、汽车专用万用表、吉利帝豪EV300纯电动实训车或实训台架。

三、详细操作步骤

Step1 确认故障现象，分析故障原因。

查阅吉利帝豪EV300维修手册，绘制电动天窗电路简图。结合电动天窗电路原理分析故障原因。造成电动天窗不工作故障的原因主要有以下几个方面。

①电源故障，如蓄电池电压过低、熔断器断路、电源线路断路。
②搭铁故障，如G41搭铁点脱落或虚接、搭铁线路断路。
③电动天窗开关损坏。
④天窗控制模块损坏。
⑤线束连接器虚接或断路等。

完成情况：□完成
　　　　　□未完成，原因：＿＿＿＿＿＿＿＿＿＿＿＿＿＿＿＿＿＿＿＿＿＿

Step2 使用故障诊断仪读取故障码。

①操作车辆启动开关，使电源模式至ON状态。
②连接故障诊断仪，读取系统故障代码。

③确认系统没有故障代码。若有故障代码，则优先排除代码指示的故障。

完成情况：□完成

□未完成，原因：_____

Step3 检查熔断器 IF03、IF08、IF19、IF25。

①操作车辆启动开关，使电源模式至 OFF 状态。

②分别拔下熔丝 IF03（30A）、IF08（10A）、IF19（15A）、IF25（10A），检查是否熔断。如果熔丝熔断，则检查相关线路是否有短路故障。

③确认没有线路短路故障，则更换相同规格的熔丝。

完成情况：□完成

□未完成，原因：_____

Step4 检查天窗控制模块的电源。

①操作车辆启动开关，使电源模式至 OFF 状态。

②断开天窗控制模块的线束连接器 RF08。

③操作车辆启动开关，使电源模式至 ON 模式。

④用万用表测量天窗控制器线束连接器 RF08 端子 1、3、6 与可靠接地点之间的电压。电压标准值为 11~14V。连接器 RF08 端子 1、3、6、2，测量位置如图 4-4-1 所示。若电压不符合标准值，则修复相关线路的开路故障。

⑤用万用表测量连接器 RF08 端子 2 与可靠接地点之间的电阻值。电阻标准值：小于 1Ω。若电阻不符合标准值，则修复相关线路的故障。

完成情况：□完成

□未完成，原因：_____

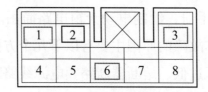

图 4-4-1 天窗控制器线束连接器 RF08

Step5 检查电动天窗开关总成。

①操作车辆启动开关，使电源模式调至 OFF 状态。

②按下天窗开关"OPEN"挡，同时用万用表测量天窗开关连接器 RF07 端子 3 与端子 4 之间的电阻值，连接器 RF07 端子 2 与端子 4 之间的电阻值。电阻标准值：小于 1Ω。连接器 RF07 端子 2、3、4 位置如图 4-4-2 所示。

③若电阻不符合标准值，则更换天窗开关总成。

完成情况：□完成

□未完成，原因：_____

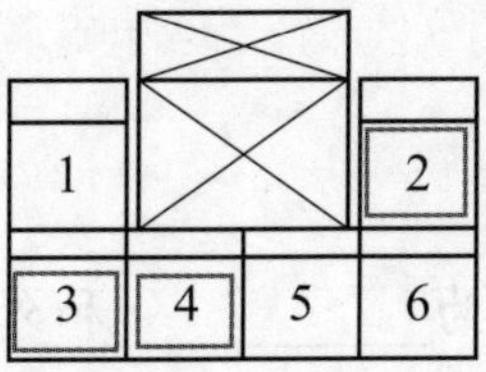

图 4-4-2 RF07 室内灯 + 天窗开关线束连接器

Step6 检查天窗开关接地线路。

①操作车辆启动开关，使电源模式调至 OFF 状态。

②断开天窗开关线束连接器 RF07。

③用万用表测量天窗开关线束连接器 RF07 端子 4 与车身搭铁之间的电阻值。电阻标准值：小于 1Ω。若电阻不符合标准值，则修理或更换线束。

完成情况：□完成

□未完成，原因：_____

Step7 检查天窗开关的电源线路。

①操作车辆启动开关，使电源模式至 OFF 状态。

②断开天窗开关线束 RF07。

③操作车辆启动开关，使电源模式调至 OFF 状态。

④用万用表测量天窗开关线束 RF07 端子 5 与车身接地点之间的电压。电压标准值为 11~14V。若电压不符合标准值，则修理或更换线束。

完成情况：□完成

□未完成，原因：_____

Step8 检查天窗开关与天窗控制模块之间的线路。

①操作车辆启动开关，使电源模式至 OFF 状态。

②断开天窗开关线束连接器 RF07 和天窗控制模块线束连接器 RF08。

③用万用表对照表 4-4-1 测量天窗开关与天窗控制模块之间线束的电阻值。电阻标准值：小于 1Ω。若电阻值不符合标准值，则修理或更换对应的线束。

④如果上面检测数据都正常，天窗还是不工作，则更换天窗控制模块总成。

完成情况：□完成

□未完成，原因：_____

表 4-4-1 天窗开关与天窗控制模块之间的线路检测

序号	测试端子	电阻标准值
1	天窗开关线束 RF07 端子 2 与天窗控制模块线束连接器 RF08 端子 4	小于 1Ω
2	天窗开关线束 RF07 端子 5 与天窗控制模块线束连接器 RF08 端子 5	小于 1Ω
3	天窗开关线束 RF07 端子 6 与天窗控制模块线束连接器 RF08 端子 7	小于 1Ω

【任务反馈】

一、填空题

1. 电动天窗按开启方式不同可分为_____和外掀式。外掀式天窗在开启后向车顶的外后方升起，而内藏式天窗在开启后可以隐藏于车顶内部，并具有防夹功能和自动关闭功能。

2. 电动天窗系统一般由玻璃窗及密封条、天窗滑动机构、天窗驱动机构、_____、天窗开关和天窗遮阳板等组成。

3. 天窗电动机通常采用_____电机，控制开关通过改变流进电动机的电流方向，从而控制电动机的旋转方向。

4. 天窗电动机动作的同时，限位开关检测天窗位置状态，并将此信号反馈至_____。

二、分析题

简述新能源实训车电动天窗只能打开不能关闭的故障原因及检修思路。

三、实操题（查阅维修手册，小组合作并发扬工匠精神，完成检修天窗只能打开不能关闭的故障任务）

1. 任务分工及实施方案

_____
_____
_____
_____

2. 任务实施

检修电动天窗只能打开不能关闭的故障主要步骤：

（1）使用故障诊断仪读取故障码。

具体步骤：①操作启动开关，使车辆电源模式至_____挡状态。

②连接故障诊断仪，读取系统故障代码。故障代码：_____。

检查结果：□正常

□异常，处理措施：_____

（2）检查电动天窗开关总成。

具体步骤：①操作车辆启动开关，使电源模式至_____状态。

②按下天窗开关CLOSE挡，同时用万用表测量天窗开关连接器_____端子与_____之间的电阻值。电阻标准值：小于1Ω。

检查结果：□正常
　　　　　□异常，处理措施：_____

（3）检查天窗开关与天窗控制模块之间的线路。

具体步骤：①操作车辆启动开关，使电源模式至_____状态。

②断开天窗开关线束连接器_____和天窗控制模块线束连接器_____。

③用万用表测量天窗开关线束连接器_____端子_____与天窗控制模块线束连接器_____端子_____之间的电阻值。电阻标准值：小于1Ω。

检查结果：□正常
　　　　　□异常，处理措施：_____

（4）执行天窗初始化程序。

具体步骤：①操作车辆启动开关，使电源模式至_____状态。

②在完全翻转位置时，按住翻转开关超过5 s，天窗将执行初始化操作。

检查结果：□正常
　　　　　□异常，处理措施：_____

3. 任务小结

（1）故障点及处理方法：_____
_____

（2）故障诊断思路总结：_____
_____
_____
_____

【学习任务评价】

学习任务评价表

班级_____ 小组_____ 学号_____ 姓名_____

	主要测评项目	学生自评			
		A	B	C	D
关键能力	1. 遵守课堂纪律及实训场所管理规定，服从安排				
	2. 具有安全意识、责任意识、6S 管理意识，注重节约、节能与环保				
	3. 学习态度积极主动，能按时完成学习任务				
	4. 具有团队合作意识，注重沟通，能自主学习及相互协作				
	5. 具有精益求精的工匠精神				
专业知识与能力	1. 能描述电动天窗系统的组成和工作原理				
	2. 能读懂电动天窗系统电路图				
	3. 能规范检修电动天窗系统常见的故障				
个人自评					
小组互评					
教师评价		总评成绩			

教师签字：   日期：

学习情境五　新能源汽车仪表与报警系统故障检修

任务1　认识新能源汽车仪表与报警系统

【任务导入】

某吉利4S店维修小组接到一张任务反馈：一辆吉利帝豪EV300纯电动汽车，行驶里程65 000 km，发生了交通事故，车辆无法行驶，启动车辆，组合仪表显示如图5-1-1所示。如果你是维修技术人员，由你向车主介绍仪表信息，并解释各报警指示灯的含义。

图5-1-1　吉利帝豪EV300组合仪表

【任务目标】

1. 能描述新能源汽车组合仪表的种类和电气原理。
2. 能描述常见仪表指示灯的含义。
3. 能看懂新能源汽车组合仪表系统电路图。
4. 能查阅维修手册，小组合作并发扬工匠精神，安全操作规范更换组合仪表总成。

【任务实施】

一、任务方案制订

查阅吉利帝豪EV300纯电动汽车维修手册，制订更换组合仪表总成的任务方案。

二、实施准备工作

吉利帝豪EV300纯电动汽车维修手册、新能源汽车电气检修工具、故障诊断仪、汽车专用万用表、吉利帝豪EV300纯电动实训车或实训台架。

三、详细操作步骤

Step1　工作准备。

①正确安装车辆挡块。

②正确安装车内四件套（方向盘、座椅、脚垫、换挡杆）。

③正确安装车外三件套。

完成情况：□完成

　　　　　□未完成，原因：_____

Step2 断开蓄电池负极电缆。

①操作车辆启动开关,使电源模式调至 OFF 状态。

②断开 12V 蓄电池负极电缆,如图 5-1-2 所示。

图 5-1-2　断开蓄电池负极

③做好负极线的相关保护措施,如图 5-1-3 所示。

图 5-1-3　负极线束防护

完成情况:□完成

　　　　　□未完成,原因:＿＿＿＿＿＿＿＿＿＿＿＿＿＿＿＿

Step3 拆卸组合仪表总成。

①调整转向盘到最低位置,拆卸组合仪表装饰面板 2 个固定螺钉,螺钉位置如图 5-1-4 所示。

图 5-1-4　仪表螺钉位置

②断开组合仪表功能转换开关连接器，取出组合仪表饰板。
③拆卸组合仪表 3 个固定螺钉，如图 5-1-5 所示。

图 5-1-5　仪表 3 个固定螺钉位置

④断开组合仪表线束连接器，取出组合仪表，如图 5-1-6 所示。

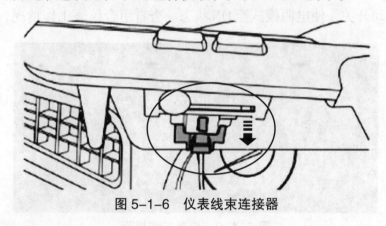

图 5-1-6　仪表线束连接器

完成情况：□完成

　　　　　□未完成，原因：＿＿＿＿＿＿＿＿＿＿＿＿＿＿＿＿＿＿＿＿＿

Step4 安装组合仪表总成。

①连接组合仪表线束连接器，向下锁紧卡扣。

②安装组合仪表，并紧固 3 个螺钉。紧固螺钉力矩：2.5N·m。如图 5-1-7 所示。

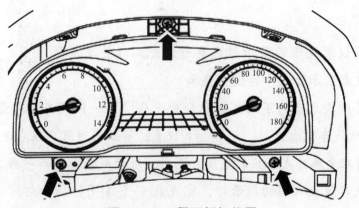

图 5-1-7　紧固螺钉位置

③连接仪表功能转换开关连接器。
④安装组合仪表装饰板。
⑤连接 12V 蓄电池负极电缆，如图 5-1-8 所示。

图 5-1-8　连接蓄电池负极

⑥操作车辆启动开关，使电源模式至 ON 状态。查看组合仪表工作情况，如图 5-1-9 所示。

图 5-1-9　仪表工作界面

完成情况：□完成

　　　　　□未完成，原因：_____

【任务反馈】

一、填空题

1. 目前汽车电子仪表使用的显示器主要有发光二极管显示器、_____显示器和液晶显示器 3 种。汽车仪表显示器又分为发光型和_____型。

2. 汽车仪表按其结构原理的不同可大致分为三代。第一代汽车仪表是机械机芯表（已经被逐步淘汰）；第二代汽车仪表是_____式仪表；第三代为汽车仪表是_____式仪表。

3. 水温传感器有双金属片式和热敏电阻式两种，现代新能源汽车一般采用_____式。

4. 认识新能源汽车仪表常用的指示灯，完成表 5-1-1 图标指示灯对应名称的填写。

表 5-1-1 新能源汽车仪表部分指示灯图标

序号	符号	名称	序号	符号	名称
1			12		
2			13		
3			14		
4			15		
5			16		
6			17		
7			18		
8			19		
9			20		
10			21		
11			22		

二、查阅维修手册，绘制新能源实训车辆组合仪表电源工作电路简图

【学习任务评价】

学习任务评价表

班级_____ 小组_____ 学号_____ 姓名_____

	主要测评项目	学生自评			
		A	B	C	D
关键能力	1. 遵守课堂纪律及实训场所管理规定,服从安排				
	2. 具有安全意识、责任意识、6S管理意识,注重节约、节能与环保				
	3. 学习态度积极主动,能按时完成学习任务				
	4. 具有团队合作意识,注重沟通,能自主学习及相互协作				
	5. 具有精益求精的工匠精神				
专业知识与能力	1. 能描述常见故障指示灯的含义				
	2. 能描述新能源汽车组合仪表的种类和电气原理				
	3. 能规范更换组合仪表总成				
个人自评					
小组互评					
教师评价		总评成绩			

教师签字:　　　　　　　　　　　　　　　　　　　　　　　日期:

任务2　检修车门未关仪表报警不工作故障

【任务导入】

某吉利 4S 店维修小组接到一张任务反馈：一辆吉利帝豪 EV300 纯电动汽车，行驶里程 65 000 km，发生了交通事故，车辆能正常行驶，右后门未关仪表报警不工作，另外三个门未关仪表报警正常。如果你是维修小组的成员之一，应该如何检修该故障？

【任务目标】

1. 能读懂组合仪表系统电路图。
2. 能查阅维修手册，小组合作并发扬工匠精神，完成仪表系统常见故障的检修任务。
3. 遵守安全操作规程，并按照 6S 管理规范清理作业现场。

【任务实施】

一、任务方案制订

查阅吉利帝豪 EV300 纯电动汽车维修手册，制订吉利帝豪 EV300 车门未关仪表报警不工作故障检修任务方案。

二、实施准备工作

吉利帝豪 EV300 纯电动汽车维修手册、新能源汽车电气检修工具、故障诊断仪、汽车专用万用表、吉利帝豪 EV300 纯电动实训车或实训台架。

三、详细操作步骤

Step1 故障分析。

结合车辆的故障现象，查看维修手册，绘制电路简图（见图 5-2-1），分析电路工作原理和故障原因。下面以两种故障现象来分析故障原因。

① 4 个车门未关组合仪表报警均不工作。这种情况一般是由公共电路或器件或线路故障引起的，该故障中可能是 BCM 或 CAN 网或电源或线路故障。

② 单独 1 个门未关仪表报警不工作，其他门未关报警工作正常。这种故障一般是由该门锁电机总成（状态开关）或相关的线路故障引起的。

完成情况：□完成

　　　　　□未完成，原因：_____

Step2 检查 BCM，确认 BCM 其他功能正常，如果不正常则检修或更换 BCM。

完成情况：□完成

　　　　　□未完成，原因：_____

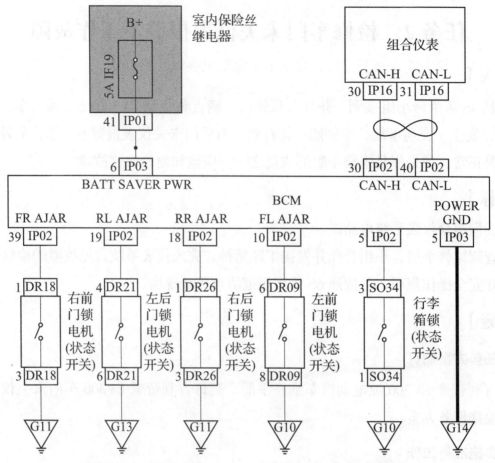

图 5-2-1 吉利帝豪 EV300 车门未关行车仪表报警电路

Step3 检查组合仪表与 BCM 之间的通信线路，线束连接器端子号如图 5-2-2 所示。

①测量组合仪表连接器 IP16 端子 30/31 与 BCM 线束连接器 IP02 端子 30/40 之间的电阻。电阻标准值：小于 1Ω。

②测量组合仪表线束连接器 IP16 端子 30/31 与 BCM 线束连接器 IP02 端子 30/40 分别与车身接地之间的电阻。

③测量组合仪表线束连接器 IP16 端子 30 与 31 和 BCM 线束连接器 IP02 端子 30 与 40 之间的电阻。电阻标准值：10kΩ 或更高。

④测量组合仪表线束连接器 IP16 端子 30/31 与 BCM 线束连接器 IP02 端子 30/40 分别与车身接地之间的电压。电压标准值：0V。

完成情况：□完成

□未完成，原因：_____

组合仪表线束连接器IP16

16	15	14	13	12	11	10	9	8	7	6	5	4	3	2	1
32	31	30	29	28	27	26	25	24	23	22	21	20	19	18	17

图 5-2-2 仪表和 BCM 线束连接器端子图

Step4 检查组合仪表其他报警是否正常。

①使用故障诊断仪对组合仪表进行主动测试。

②确认组合仪表其他报警正常,如果不正常则更换组合仪表。

③确认车门未关行车报警正常,如果不正常转至下一步。

完成情况:□完成

　　　　　□未完成,原因:_____

Step5 检查门锁电机,门锁电机插接器端子号如图 5-2-3 所示。

①分别测量左前门锁电机 DR09 插接器 6 号端子、右前门锁电机 DR18 插接器 1 号端子、左后门锁电机 DR21 插接器 4 号端子、右后门锁电机 DR26 插接器 1 号端子的电压和行李箱锁 SO34 插接器 1 号端子的电压。电压标准值: 11~14V。

完成情况:□完成

　　　　　□未完成,原因:_____

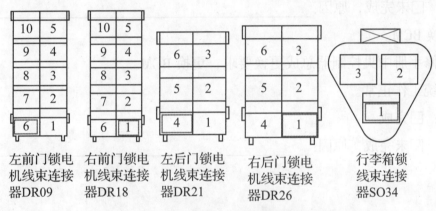

图 5-2-3　门锁电机、行李箱锁插接器端子

②确认电压符合标准值。如果电压异常,针对电压异常的线路,分别检测各门锁电机端子与 BCM 端子之间的电阻值,如表 5-2-1 所示。若不符合标准值,确认 BCM 线束连接器 IP02 与门锁电机对应的线束连接器之间的线路断路或短路故障修复完成。

完成情况:□完成

　　　　　□未完成,原因:_____

表 5-2-1　BCM 与车门电机、车门电机与接地线束电阻标准值对照

端子	电阻标准值	端子	电阻标准值
BCM 插接器 IP02/39 到 DR18/1	小于 1Ω	右前门电机插接器 DR18/3 与车身接地	小于 1Ω
BCM 插接器 IP02/19 到 DR21/4	小于 1Ω	左后门电机插接器 DR21/6 与车身接地	小于 1Ω
BCM 插接器 IP02/18 到 DR26/1	小于 1Ω	右后门电机插接器 DR26/3 与车身接地	小于 1Ω
BCM 插接器 IP02/10 到 DR09/6	小于 1Ω	左前门电机插接器 DR09/8 与车身接地	小于 1Ω
BCM 插接器 IP02/5 到 SO34/3	小于 1Ω	行李箱锁插接器 SO34/1 与车身接地	小于 1Ω

Step6 分别检查各门锁电机与接地之间的线路。

①如表 5-2-1 所示，分别测量左前门锁电机 DR09 端子 8、右前门锁电机 DR18 端子 3、左后门锁电机 DR21 端子 6、右后门锁电机 DR26 端子 3 的电压和行李箱锁 SO34 端子 1 的与车身接地之间的电阻。电阻标准值：小于 1Ω。

②若不符合标准值，确认各门锁电机与接地之间的线路断路故障修复完成。

③确认车门未关行车报警正常工作。如果车门未关行车报警不工作，转至下一步。

完成情况：□完成

　　　　　□未完成，原因：_____

Step7 更换有故障的门锁电机。

①更换有故障的门锁电机总成后，确认车门未关行车报警正常工作。

②若车门未关行车报警不工作，转至下一步。

完成情况：□完成

　　　　　□未完成，原因：_____

Step8 更换 BCM。

①按照维修手册中央控制器总成更换要求，更换 BCM。

②确认系统工作正常。

完成情况：□完成

　　　　　□未完成，原因：_____

【任务反馈】

一、选择题

如图 5-2-4 所示，为吉利帝豪 EV300 电动车仪表总成内部电路板实物图（仪表背面方向），图中标志①②③④元件对应的名称是（　　）。

图 5-2-4　吉利帝豪 EV300 组合仪表电路板

A. 蜂鸣器、转速表步进电机、车速表步进电机、仪表线束接口

B. 转速表步进电机、车速表步进电机、仪表线束接口、蜂鸣器

C. 车速表步进电机、转速表步进电机、仪表线束接口、蜂鸣器

D. 车速表步进电机、仪表线束接口、转速表步进电机、蜂鸣器

二、绘图题（查找维修手册，绘制实训新能源汽车组合仪表电源和通信线路图）

对照维修手册，绘制后雾灯仪表指示灯电路简图。

三、实操题（查阅维修手册，小组合作并发扬工匠精神，完成组合仪表电源故障检修任务）

1. 任务分工

_____

_____

2. 任务实施方案

_____

_____

3. 任务实施

（1）如图 5-2-5 所示，分析组合仪表电源电路工作原理。

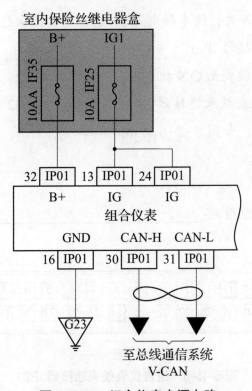

图 5-2-5　组合仪表电源电路

（2）读取系统故障代码。

具体步骤：①操作启动开关，使车辆电源模式至 OFF 挡状态。

②连接故障诊断仪。

③操作启动开关，使车辆电源模式至 ON 挡状态。

④用故障诊断仪访问组合仪表，故障代码为：_____。

检查结果：□正常

□异常，处理措施：_____

（3）检查蓄电池。

具体步骤：用万用表测量蓄电池的电压，测量值是_____V。电压标准值：11~14V。

检查结果：□正常

□异常，处理措施：_____

（4）检查组合仪表熔断器 IF11、IF25 和 IF35 及线路。

具体步骤：①操作启动开关，使车辆电源模式至 OFF 挡状态。

②依次拔出熔丝 IF11、IF25 和 IF35，检查是否熔断。

③若熔断，则检查其线路是否有短路故障，并修理故障线路。

④在确认没有线路短路故障的前提下，更换相同规格的熔丝。

检查结果：□正常

□异常，处理措施：_____

（5）检查组合仪表线束连接器电源端子电压。

具体步骤：①操作启动开关，使车辆电源模式至 OFF 挡状态。

②断开组合仪表线束连接器 IP01。

③操作启动开关使电源模式至 ON 状态。

④用万用表测量组合仪表线束连接器 IP01 端子 13、24、32 与车身接地之间的电压，组合仪表线束连接器测量端子，如图 5-2-6 所示。

⑤电压标准值：11~14V。

检查结果：□正常

□异常，处理措施：_____

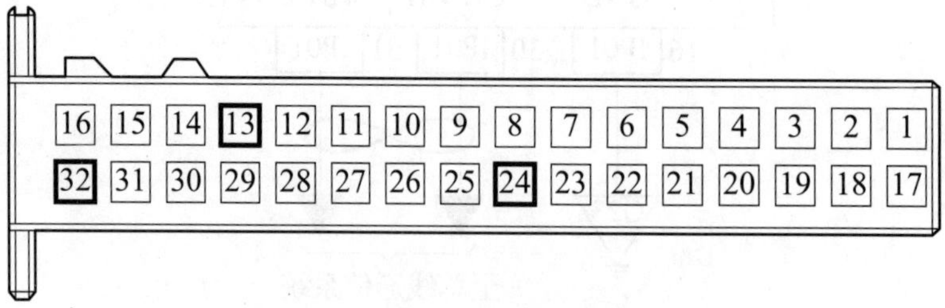

图 5-2-6　组合仪表线束连接器 IP01

4. 任务小结

【学习任务评价】

学习任务评价表

班级_____ 小组_____ 学号_____ 姓名_____

	主要测评项目	学生自评			
		A	B	C	D
关键能力	1. 遵守课堂纪律及实训场所管理规定，服从安排				
	2. 具有安全意识、责任意识、6S管理意识，注重节约、节能与环保				
	3. 学习态度积极主动，能按时完成学习任务				
	4. 具有团队合作意识，注重沟通，能自主学习及相互协作				
	5. 具有精益求精的工匠精神				
专业知识与能力	1. 能描述组合仪表系统的工作原理				
	2. 能读懂新能源汽车组合仪表系统电路图				
	3. 能规范检修组合仪表系统常见的故障				
个人自评					
小组互评					
教师评价		总评成绩			

教师签字：   日期：

学习情境六　新能源汽车数据通信系统故障检修

任务1　检修新能源汽车 LIN 系统故障

【任务导入】

某吉利 4S 店维修小组接到一张任务反馈：一辆 2017 款吉利帝豪 EV300 纯电动汽车，行驶里程 60 500 km，近期出现驾驶员侧玻璃升降器不工作的故障现象。维修技师初步诊断为电动车窗 LIN 系统故障，作为新能源汽车维修技师的你，应如何检修该故障？

【任务目标】

1. 认识新能源汽车 LIN 系统。
2. 能读懂新能源汽车 LIN 系统电路图。
3. 能查阅维修手册，能根据现象分析故障原因、写出故障诊断流程图。
4. 能小组合作并发扬工匠精神，完成新能源汽车 LIN 系统常见故障检修任务。

【任务实施】

一、任务方案制订

查阅吉利帝豪 EV300 电动汽车维修手册，制订检修纯吉利帝豪 EV300 车窗 LIN 系统断线故障的任务方案。

二、实施准备工作

吉利帝豪 EV300 纯电动汽车维修手册、汽车电气检修工具、故障诊断仪、汽车专用万用表、吉利帝豪实训整车或实训台架。

三、详细操作步骤

Step1 查看电路原理图，如图 6-1-1 所示，分析故障原因。

Step2 使用故障诊断仪读取故障码。

①操作车辆启动开关，使电源模式至 ON 状态。

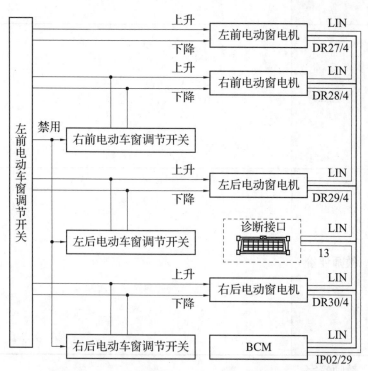

图 6-1-1　吉利帝豪 EV300 电动车窗 LIN 系统框图

②连接故障诊断仪，读取系统故障代码。

③确认系统实时故障代码，故障码是：_____

完成情况：□完成

□未完成，原因：_____

Step3 检查熔断器、电源电路、电动车窗开关总成及相关线束。

完成情况：□完成

□未完成，原因：_____

Step4 检查 LIN 总线线束通断情况。

①操作车辆启动开关，使电源模式至 OFF 状态。

②分别拔下线束连接器 RD27、RD28、RD29、RD30、IP02。

③用万用表对照表 6-1-1，测量 LIN 总线线束的电阻值。

表 6-1-1 LIN 线电阻测量

序号	测试端子	电阻标准值
1	左前电动窗电机连接器 RD27 端子 4 与 BCM 连接器 IP09 端子 29	小于 1Ω
2	左后电动窗电机连接器 RD29 端子 4 与 BCM 连接器 IP09 端子 29	小于 1Ω
3	右前电动窗电机连接器 RD28 端子 4 与 BCM 连接器 IP09 端子 29	小于 1Ω
4	右后电动窗电机连接器 RD30 端子 4 与 BCM 连接器 IP09 端子 29	小于 1Ω

完成情况：□完成

□未完成，原因：_____

【任务反馈】

一、填空题

1. LIN 是用于汽车分布式电控系统的一种新型低成本_____通信系统，主要用于智能传感器和_____的串行通信。

2. LIN 总线一般使用一根单独的_____线作为传输介质，信号电压在_____之间。

3. LIN 总线_____结构无须仲裁，在 LIN 网中只有主系统有发言权，传输内容包括以下两项：命令从系统和反馈从系统。

4. LIN 总线无信息发送时总线导线上的电压是_____，信号显性电平的总线上的电压是_____。

二、分析题

试分析新能源实训车空调 LIN 系统故障检修思路。

三、实操题（查阅维修手册，小组合作并发扬工匠精神，完成新能源汽车 LIN 总线断线故障检修任务）

1. 任务分工及实施方案

_____
_____
_____
_____

2. 任务实施

检修左前电动车窗 LIN 总线断路的故障，电路如图 6-1-2 所示。

（1）使用故障诊断仪读取故障码。

具体步骤：①操作启动开关，使车辆电源模式至_____挡状态。

②连接故障诊断仪，读取系统故障代码。

检查结果：□正常

□异常，处理措施：_____

（2）检查驾驶员侧玻璃升降电机总成的电源。

具体步骤：①操作车辆启动开关，使电源模式至_____状态。

②用万用表测量连接器_____端子_____与_____之间的电压值，检测数据为_____。电压标准值：12V。

检查结果：□正常

□异常，处理措施：_____

（3）检查 LIN 总线线路。

具体步骤：①操作车辆启动开关，使电源模式至_____状态。

②断开驾驶员侧玻璃升降器电机总成线束连接器_____。

③断开 BCM 线束连接器 IP02。

④用万用表测量驾驶员侧玻璃升降电机线束连接器_____端子_____与 BCM 线束连接器 IP02 端子_____之间的电阻值，测量数据是_____V。

检查结果：□正常

□异常，处理措施：_____

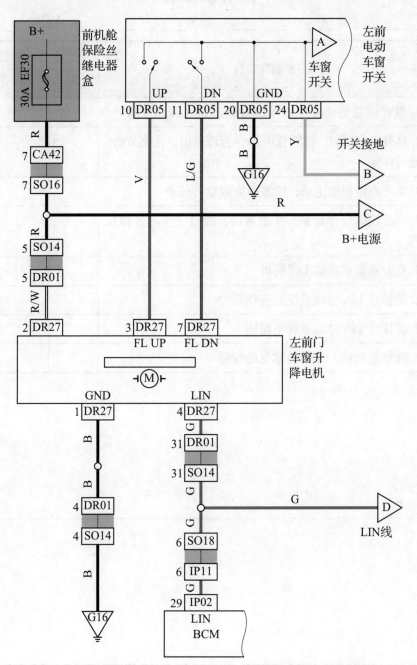

图 6-1-2　吉利帝豪 EV300 左前门玻璃升降器 LIN 线电路

3. 任务小结

（1）故障点及处理方法：_____

_____

（2）故障诊断思路小结：_____

_____

_____

【学习任务评价】

学习任务评价表

班级_____ 小组_____ 学号_____ 姓名_____

	主要测评项目	学生自评			
		A	B	C	D
关键能力	1. 遵守课堂纪律及实训场所管理规定，服从安排				
	2. 具有安全意识、责任意识、6S 管理意识，注重节约、节能与环保				
	3. 学习态度积极主动，能按时完成学习任务				
	4. 具有团队合作意识，注重沟通，能自主学习及相互协作				
	5. 具有精益求精的工匠精神				
专业知识与能力	1. 能描述 LIN 总线系统的工作原理				
	2. 能读懂 LIN 总线系统电路图				
	3. 能规范检修 LIN 总线常见的故障				
个人自评					
小组互评					
教师评价		总评成绩			

教师签字：　　　　　　　　　　　　　　　　　　　　　　　　　　日期：

任务2 检修新能源汽车CAN系统故障

【任务导入】

某吉利4S店维修小组接到一张任务反馈:一辆2017款吉利帝豪EV300纯电动汽车,行驶里程60 500 km,近期出现交流无法充电的故障现象。维修技师初步诊断为车载充电机CAN总线故障,作为新能源汽车维修人员的你,应如何检修该故障?

【任务目标】

1. 认识新能源汽车CAN系统。
2. 能读懂新能源汽车CAN系统电路图。
3. 能查阅维修手册,小组合作并发扬工匠精神,完成新能源汽车CAN系统常见故障检修任务。

【任务实施】

一、任务方案制订

查阅吉利帝豪帝豪EV300电动汽车维修手册,制订车载充电机CAN总线断线故障检修任务方案。

二、实施准备工作

吉利帝豪EV300纯电动汽车维修手册、汽车电气检修工具、故障诊断仪、汽车专用万用表、吉利帝豪实训整车或实训台架。

三、详细操作步骤

Step1 查阅维修手册,绘制吉利帝豪EV300车载充电机CAN总线部分电路图,如图6-2-1所示。

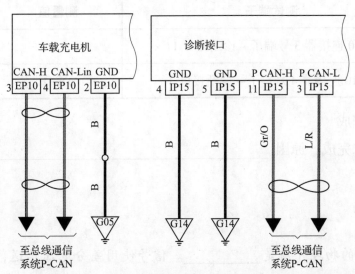

图6-2-1 吉利帝豪EV300车载充电机和诊断接口CAN总线局部电路

Step2 使用故障诊断仪读取故障码。

①操作车辆启动开关，使电源模式至 ON 状态。

②连接故障诊断仪，读取系统故障代码。

③确认系统实时故障代码，故障代码是：_____

完成情况：□完成

　　　　　□未完成，原因：_____

Step3 检查 P-CAN 总线网络的完整性。

①操作车辆启动开关，使电源模式至 OFF 状态。

②使用万用表测量诊断接口 3 号端口和 11 号端口之间的电阻值。测量端口位置，如图 6-2-2 所示。

③测量数据为 62Ω。电阻标准值：55~63Ω。

完成情况：□完成

　　　　　□未完成，原因：_____

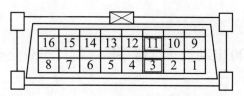

图 6-2-2　IP15 诊断接口线束连接器

Step4 检查车载充电机到诊断接口的 CAN 总线线束通断情况。

①操作车辆启动开关，使电源模式至 OFF 状态。

②分别拔下车载充电低压线束连接器 EP10。

③用万用表对照表 6-2-1，测量 CAN 总线线束的电阻值。

表 6-2-1　CAN 总线线束电阻测量

序号	测试端子	测量值	电阻标准值
1	EP10 连接器 3 号端子—诊断接口 11		小于 1Ω
2	EP10 连接器 4 号端子—诊断接口 3	0.6 Ω	小于 1Ω

完成情况：□完成

　　　　　□未完成，原因：_____

【任务反馈】

一、填空题

1. CAN 最常用的物理介质是_____。信号使用差分电压传送，两条信号线被称为_____和 CAN-L，即 CAN 的高位数据线和低位数据线。

2. CAN 数据总线系统由_____、_____、两个传输终端和两条数据传输线组成。

3. 当 CAN-H 和 CAN-L 线上的电平都约为 2.5V 时被认为是隐性传输数据并解释为逻辑_____。

4. CAN 总线双绞线终端为 2 只_____Ω 的电阻，终端电阻作用是_____。

5. CAN 数据总线所传输的数据中数据帧由_____、仲裁域、控制域、_____、安全域、应答域、结束域 7 个不同的域组成。

二、分析题

简述 CAN 系统断线故障检修思路。

三、实操题（小组合作并发扬工匠精神，查阅维修手册，按照规范作业要求，完成检修吉利帝豪 EV300 低速报警器 CAN 总线断路故障检修任务）

1. 任务分工及实施方案

_____
_____
_____
_____

2. 任务实施

检修低速报警器 CAN 总线断路故障，电路如图 6-2-3 所示。

（1）使用故障诊断仪读取故障码。

具体步骤：①操作启动开关，使车辆电源模式调至_____挡状态。

②连接故障诊断仪，读取系统故障代码。故障代码：_____。

检查结果：□正常

□异常，处理措施：_____

（2）检查低速报警器熔断器。

具体步骤：①操作车辆启动开关，使电源模式调至_____状态。

②拔下熔丝 IF30 检查是否熔断。

检查结果：□正常

□异常，处理措施：_____

（3）检查低速报警控制器的电源电压。

具体步骤：①操作车辆启动开关，使电源模式至_____状态。

②断开低速报警控制器线束连接器SO83。

③操作车辆启动开关，使电源模式至ON状态。

④用万用表测量连接器SO83端子4与8之间的电压值，检测数据为_____。电压标准值：112~14V。

检查结果：☐正常

☐异常，处理措施：_____

（4）检查低速报警控制器与扬声器之间的线束。

具体步骤：①操作车辆启动开关，使电源模式至_____状态。

②断开低速报警控制器线束连接器SO83。

③断开低速报警控制器扬声器线束连接器CA53。

④用万用表测量低速预警器线束连接器SO83端子1/5与线束连接器CA53端子1/2之间的电阻值。电阻标准值：小于1Ω。

检查结果：☐正常

☐异常，处理措施：_____

（5）检查低速报警扬声器工作电压。

具体步骤：①操作车辆启动开关，使电源模式至_____状态。

②断开低速报警控制器扬声器线束连接器CA53。

③操作车辆启动开关，使电源模式至ON状态。

④用万用表测量低速预警器扬声器线束连接器CA53端子1与端子2之间的电压。

检查结果：☐正常

☐异常，处理措施：_____

（6）检查低速报警控制器CAN线。

具体步骤：①操作车辆启动开关，使电源模式至_____状态。

②断开低速报警控制器CAN网线束连接器SO83。

③用万用表测量CAN线通断。

检查结果：☐正常

☐异常，处理措施：_____

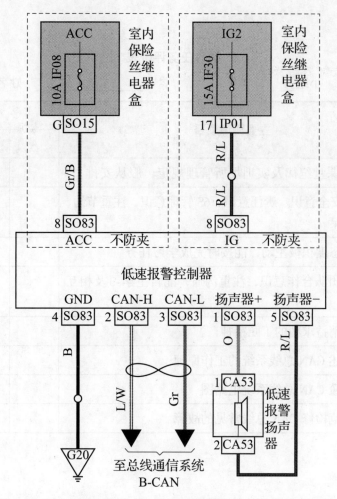

图 6-2-3 吉利帝豪 EV300 低速报警器 CAN 总线局部电路

3. 任务小结

（1）故障点及处理方法：_____

_____

（2）故障诊断思路小结：_____

_____

_____

_____

【学习任务评价】

学习任务评价表

班级_____ 小组_____ 学号_____ 姓名_____

	主要测评项目	学生自评			
		A	B	C	D
关键能力	1. 遵守课堂纪律及实训场所管理规定，服从安排				
	2. 具有安全意识、责任意识、6S 管理意识，注重节约、节能与环保				
	3. 学习态度积极主动，能按时完成学习任务				
	4. 具有团队合作意识，注重沟通，能自主学习及相互协作				
	5. 具有精益求精的工匠精神				
专业知识与能力	1. 能描述 CAN 总线系统的工作原理				
	2. 能读懂 CAN 总线系统电路图				
	3. 能规范检修 CAN 总线常见的故障				
个人自评					
小组互评					
教师评价		总评成绩			

教师签字： 日期：